Inteligencia Emocional
Mejorar tus Relaciones y Autoconocimiento
y
Terapia Conductista Cognitiva (TCC)
Recuperar el Control sobre la Ira, el Pánico y la Preocupación.
(2 libros en 1)
Reduce tu Ansiedad Mientras Aumentas Tu Coeficiente Intelectual, Autoconciencia y el Dominio de tus Relaciones Usando TCC

Por: Daniel Patterson

Tabla de Contenidos
Inteligencia Emocional
Terapia Cognitivo Conductual

Inteligencia Emocional

Maneras Fáciles de Mejorar tu Autoconocimiento, Tomar el Control de tus Emociones, Mejorar tus Relaciones y Garantizar el Dominio de la Inteligencia Emocional.

Por: Daniel Patterson

Tabla de Contenidos

Introducción
Capítulo 1: Comprendiendo la Inteligencia Emocional
Capítulo 2: Test de Inteligencia Emocional
Capítulo 3: Primeros Pasos
Capítulo 4: Sé Más Consciente de Ti Mismo
Capítulo 5: Descubre Tu Pasión
Capítulo 6: Exprésate
Capítulo 7: Maneja Tus Relaciones
Capítulo 8: Manéjate a Ti Mismo
Capítulo 9: Inteligencia emocional en el trabajo
Capítulo 10: Mejora tus Habilidades de Liderazgo
Capítulo 11: Errores a Evitar
Conclusión

Introducción

Felicitaciones por descargar la *Inteligencia Emocional: Un Libro Lleno de Maneras Fáciles de Mejorar Tu Auto-Conciencia, Tomar el Control de tus Emociones, Mejorar tus Relaciones y Garantizar el Dominio de la Inteligencia Emocional*, gracias por obtenerlo. Tanto si estás familiarizado con el concepto como si no, ten la seguridad de que la inteligencia emocional está afectando tu vida diaria de diversas maneras. Además, incluso si no has escuchado el término antes, puedes apostar a que cualquier empleador potencial que estés interesado en tener sí ha escuchado de él, lo que significaría que permanecer en la oscuridad podría costarte el trabajo de tus sueños en algún momento.

Esta es la razón por la que los siguientes capítulos abordarán todo lo que necesitas saber sobre la inteligencia emocional, lo que es y cómo puedes asegurarte de tener la mayor cantidad posible. Aprenderás todo sobre los fundamentos de la inteligencia emocional, pondrás a prueba tu nivel actual de inteligencia emocional y aprenderás cómo empezar a mejorar tus puntos más débiles. Entonces aprenderás a ser más consciente de ti mismo, a encontrar tu pasión interior y a expresarte más plenamente.

Esto te llevará a mejorar la manera en que manejas las relaciones con los demás y contigo mismo. Luego aprenderás cómo puede mejorar tu trabajo y cómo tener un alto nivel de inteligencia emocional puede convertirte en un mejor líder. Finalmente, encontrarás una variedad de errores comunes que muchas personas cometen al tratar de mejorar su inteligencia emocional, así como lo que puedes hacer para evitarlos.

Hay muchos libros sobre este tema en el mercado, ¡gracias de nuevo por elegir éste! Se hizo todo lo posible para asegurar que este libro estuviera lleno de información útil, ¡por favor, disfrútalo!

Capítulo 1: Comprendiendo la Inteligencia Emocional

Aunque rara vez se habla de ella con tanta frecuencia como de la inteligencia tradicional, la inteligencia emocional (EQ, por sus siglas en inglés) es igual de importante, por no decir más, en la vida diaria de la persona promedio. Es la responsable de convertir los pensamientos en acciones, de crear nuevas conexiones entre los individuos y, en general, de asegurar que se tomen las decisiones correctas cuando más importa. En términos generales, puede ser vista como la facilidad con la que una persona puede acceder a sus emociones para identificar, manejar y entender una amplia variedad de escenarios, incluyendo aquellos que involucran establecer una conexión empática con los demás, disminuir el estrés o comunicarse de manera efectiva. También es una pieza vital para entender el lenguaje corporal y las señales no verbales que pueden ser útiles tanto en los círculos empresariales como en los sociales.

Aunque generalmente se habla de un solo concepto, la inteligencia emocional es en realidad una combinación de tres habilidades separadas. La primera de ellas es la conciencia emocional, que puede ser considerada como la capacidad de entender lo que otras personas están sintiendo. Esto va de la mano con la habilidad de entender y manejar tus propias emociones. Ambas hacen posible nutrir la habilidad de usar las propias emociones o las emociones de otros para objetivos específicos. Aunque todo esto puede parecer muy sencillo cuando se escribe como una lista, el hecho es que los que tienen una inteligencia emocional alta en general son bastante raros.

Cuando se trata de superación personal, hay pocas cosas más universalmente beneficiosas que tomarte el tiempo para mejorar tu inteligencia emocional. La inteligencia te conseguirá una entrevista, o tal vez una primera cita, pero la inteligencia emocional se asegurará de que todo vaya de acuerdo al plan. Si no estás seguro de cuál es tu nivel actual de inteligencia emocional, considera cuán seguro estás de tu desempeño en las siguientes áreas:

En el lugar de trabajo: Las complejas interacciones sociales que requiere el lugar de trabajo pueden ser complicadas de ver claramente en el mejor de los casos y si tienes un bajo nivel de inteligencia emocional, es probable que estés constantemente desconcertado por el motivo por el que la gente que está a tu alrededor a veces anda con mucho cuidado alrededor de ciertos individuos. Mejorar tu nivel de inteligencia emocional te permitirá en cambio sobresalir, motivar a otros y a la larga, te pondrá en una posición de liderazgo. De hecho, la inteligencia emocional ahora se considera rutinariamente parte del proceso de selección para muchos puestos gerenciales.

Tu salud general: La inteligencia emocional te permite comprender mejor tus propias emociones, lo que a su vez facilita su manejo efectivo. Esto, a su vez, debería facilitarte el manejo de tus niveles de estrés, lo que en última instancia lleva a un menor riesgo de enfermedad cardiovascular, infertilidad, apoplejía, presión arterial y un debilitamiento general del sistema inmunológico. Esto no sólo incluye tu salud física, sino también tu bienestar mental. Si no se tratan, los altos niveles de estrés también pueden provocar ansiedad, depresión y otros problemas mentales potencialmente graves. El hecho de no conectarte con los demás también puede llevar a sentimientos de aislamiento a largo plazo, lo que puede llevar incluso a pensamientos suicidas.

Interacciones con otros: Cuanto mejor llegues a entender tus emociones, más probable es que entiendas lo que otras personas están sintiendo, lo que a su vez hace que tus relaciones interpersonales se desarrollen de manera mucho más fluida. Las relaciones que se forman como resultado de una alta inteligencia emocional también permiten que se formen relaciones más beneficiosas para ambas partes.

Productividad: La inteligencia emocional tiene una alta correlación con el desempeño laboral de un individuo. La investigación ha revelado que la inteligencia emocional es el doble de fundamental que las capacidades técnicas/cognitivas, incluso entre profesiones como la ingeniería. Los gerentes, supervisores y líderes emocionalmente inteligentes son mucho más eficaces en la gestión de equipos, la motivación de las personas y la negociación.

Ellos crean una atmósfera más positiva con trabajadores más felices, que son un activo para cualquier organización. Los trabajadores más felices se traducen en una moral más alta, un ausentismo bajo, una tasa de deserción reducida y una mayor productividad. Esto conduce a clientes más satisfechos, más ventas y mayores beneficios. Por lo tanto, la inteligencia emocional es un rasgo invaluable cuando se trata del éxito en el lugar de trabajo. Mientras que todas las personas dentro de una organización poseen más o menos la misma competencia técnica y las mismas cualificaciones educativas, sólo unas pocas ascienden en la escala corporativa debido a su capacidad para manejar a las personas y sus emociones.

Un líder emocionalmente inteligente que entiende el verdadero valor de identificar y manejar las emociones puede capacitar a sus subordinados con estas habilidades diariamente. La disciplina o autorregulación es esencial cuando se trata de mantener tus emociones bajo control, evitar el pánico, mantener la calma y ser un valioso activo para el equipo. Las personas emocionalmente inteligentes tienen pocos problemas para reconocer y manejar emociones potencialmente destructivas que pueden crear estrés y disminuir la productividad. El enfoque es más tranquilo, más seguro y eficiente. En lugar de experimentar una visión más susceptible, estas personas dependen de su capacidad de poseer una visión más realista de sí mismos y de los demás.

Afrontando los Desafíos de la Vida: ¿No ves a algunas personas y te preguntas cómo son capaces de mantenerse a flote en las situaciones más desafiantes y emerger aún más exitosas que antes? Lo más probable es que estas personas obtengan un alto puntaje en inteligencia emocional. La gente emocionalmente inteligente tiene la habilidad de calmar su cuerpo y mente para ver las cosas desde una perspectiva más clara y objetiva. Sus actos son más conscientes y menos afectados por el pánico.

Una mayor serenidad, objetividad y claridad le otorgan más resistencia en lo que respecta a los desafíos de la vida. La inteligencia emocional te equipa con esas habilidades para enfrentarte a los retos más difíciles que la vida te presenta con resiliencia.

Primeros Tiempos

La importancia de la inteligencia emocional fue discutida por primera vez en la década de 1960, y no se comprendió completamente hasta la década de 1990 gracias a un par de investigadores llamados Peter Salovery y John Mayer. En su informe titulado *Inteligencia Emocional*, discutieron la idea de que la Inteligencia Emocional y el Coeficiente Intelectual tenían la misma importancia, ya que muchas personas encontraban que la Inteligencia Emocional era más útil en sus vidas cotidianas. Y lo que es más importante, también mostraron cómo se puede medir la Inteligencia Emocional de la misma manera que el Coeficiente Intelectual.

También plantearon la idea de que la Inteligencia Emocional tiene cuatro aspectos diferentes: percibir las emociones, usar las emociones, entenderlas y manejarlas. Maye y Salovey incluso llegaron a explicar que la Inteligencia Emocional es más que una simple habilidad cognitiva, lo que significa que también puede aplicarse fácilmente al Coeficiente Intelectual. Daniel Goldman dio seguimiento a la investigación inicial con un libro titulado *Emotional Intelligence:* Why It Can Matter More Than IQ (Inteligencia Emocional: Por Qué Puede Ser Más Importante que el Coeficiente Intelectual), que se publicó en 1995, donde permaneció en la lista de los más vendidos durante más de un año y medio antes de ser publicado en más de 40 idiomas diferentes. Proporcionaba casi la misma información que el documento de Mayer y Salovey, pero estaba empaquetado de manera que la gente pudiera relacionarlo con su vida cotidiana.

Elementos importantes de la inteligencia emocional

INTELIGENCIA EMOCIONAL Y TERAPIA CONDUCTISTA COGNITIVA

Aunque hay muchas teorías diferentes en torno a la inteligencia emocional, hay algunas facetas básicas en las que todo el mundo puede estar de acuerdo y que incluyen cosas como la autoconciencia, la autorregulación, la motivación y la empatía, cada una de las cuales se analizan en detalle a continuación.

Autoconciencia: La autoconciencia puede considerarse como la capacidad de reconocer las emociones, los estados internos, las preferencias, los recursos e incluso la intuición de la persona. Es la vía de entrada para muchas personas cuando se trata de mejorar su inteligencia emocional, ya que estar más en contacto consigo mismo es una gran manera de empezar a mejorar naturalmente su Inteligencia Emocional también. Esto se debe al hecho de que entender sus propias emociones en profundidad es el primer paso para manejarlas eficazmente a largo plazo. Estar más consciente de sus propios pensamientos y su efecto en sus acciones también hace que sea más fácil sentir empatía con los demás.

Autorregulación: La autorregulación es una respuesta directa al aumento de la autoconciencia, ya que una persona necesita estar en sintonía con sus emociones, así como con sus causas y efectos, antes de que se puedan regular de manera efectiva. Pensar antes de actuar es vital cuando se trata de controlar tus emociones, ya que también hará que sea más fácil no juzgar a los que te rodean. Como regla general, cuanto más intensa es una situación, más probable es que las personas reaccionen de una manera emocional, incluyendo tomar algo personalmente o reaccionar de manera exagerada a las críticas. La autorregulación también puede hacer que sea más fácil ponerse en el lugar de otra persona, lo cual es una buena manera de aumentar las probabilidades de una respuesta emocional positiva en lugar de una reacción visceral.

Motivación: La inteligencia emocional y la pereza son enemigos naturales, ya que los que tienen una inteligencia emocional alta son impulsados naturalmente a alcanzar sus objetivos, independientemente de lo que puedan implicar los detalles específicos. Tener un mayor nivel de motivación es beneficioso en prácticamente todas las facetas de la vida y es la manera perfecta de darte el empujón extra que necesitas para salir de la rutina en la que has estado atrapado.

Empatía: La empatía juega un papel importante en las interacciones cotidianas con los que te rodean. Aunque muchas personas a menudo la confunden con simpatía o compasión, la empatía es la capacidad de una persona para relacionarse y comprender las emociones de quienes la rodean. Está directamente relacionada con la retención del juicio, que es un aspecto de la autorregulación. Las personas con un alto nivel de empatía se dan cuenta de que pueden entender fácilmente cuando otras personas se sienten de una manera específica y entienden que deben responder de tal manera que se cumplan sus metas y deseos.

Por ejemplo, si tuvieras un amigo que estuviese deprimido porque no recibió el aumento que esperaba, si fueras empático, naturalmente sentirías la necesidad de tratar de animar a esa persona reorientándola para que se aleje de su estado de depresión, incluso si personalmente no te importa mucho su situación de una manera u otra. La empatía puede ser considerada como la diferencia entre escuchar lo que otra persona tiene que decir y entender los sentimientos que probablemente están teniendo como consecuencia.

Habilidades sociales: Aquellos que son capaces de cultivar un nivel de Inteligencia Emocional naturalmente alto a menudo se convierten en líderes de algún tipo simplemente porque tienen una habilidad natural para conectarse con otros, ser inspiradores y manejar sus emociones según sea necesario. Esto es a menudo una culminación de los varios elementos de la inteligencia emocional trabajando en conjunto y puede que algunos líderes hagan estas cosas sin ser completamente conscientes de lo que están haciendo exactamente, es sólo el resultado de sus habilidades naturales manifestándose.

CI vs. CE

Si esperas mejorar tu inteligencia emocional, entonces es importante que entiendas dónde está la línea entre la Inteligencia Emocional y el Coeficiente Intelectual (IQ, por sus siglas en inglés). El coeficiente

INTELIGENCIA EMOCIONAL Y TERAPIA CONDUCTISTA COGNITIVA

intelectual se basa en una serie de pruebas estandarizadas que funcionan en conjunto como un medio para medir la capacidad intelectual, académica y la inteligencia de una persona. La Inteligencia Emocional, por otro lado, puede ser medida a través de pruebas, pero a menudo se mide mejor observando cómo interactúa una persona con los demás.

Una persona nace con un coeficiente intelectual fijo que es poco probable que se mueva mucho durante su vida, para la mayoría de las personas. La Inteligencia Emocional, por otro lado, es en parte el resultado de una habilidad innata, pero se desarrolla en gran medida en base a las experiencias que una persona tiene a lo largo de sus años de formación. El CI puede ser pensado como un grupo de parámetros que sirven para determinar el grado probable de las habilidades cognitivas de una persona, mientras que el Inteligencia Emocional sirve como una base sobre la cual se le permite a una persona construir basándose en las experiencias que tiene en la vida. A lo que se reduce, esencialmente, es a la diferencia entre cognición e intuición. La Inteligencia Emocional es la mejor manera de utilizar el coeficiente intelectual. Para decirlo de otra manera, el CI es lo que puedes hacer y la Inteligencia Emocional es la razón por la que querrías hacerlo.

Mientras que el CI fue considerado durante mucho tiempo el estándar cuando se trataba de medir la probabilidad general de éxito de alguien durante más de 100 años, durante los últimos 20 años la Inteligencia Emocional ha ido en aumento cuando se trata de la métrica que las compañías buscan primero en empleados potenciales. Esta es una evolución natural, ya que si bien una prueba de CI puede ayudar mucho a determinar la capacidad de un niño en el aula, no hará mucho para mostrar cómo aprenderá más fácilmente, cómo interactuará con otros niños o si es capaz de pensar de manera crítica en situaciones de alta presión.

Esta es la razón por la que muchas industrias importantes se han alejado de las pruebas de CI en favor de las evaluaciones de Inteligencia Emocional que les proporcionan información más útil sobre sus futuros empleados. Aunque esto no es necesariamente sorprendente, lo que sí lo es son los resultados. Un estudio de 2016 encontró que el 71 por ciento de los gerentes de contratación dijeron que valoraban la Inteligencia Emocional por encima del Coeficiente Intelectual y que el 60 por ciento ya no contrataría a una persona con un alto Coeficiente Intelectual y un bajo Coeficiente Emocional, sin importar cuáles fueran las circunstancias.

Comprendiendo las emociones

Una parte básica de la inteligencia emocional es la capacidad de identificar fácilmente las emociones que tú u otra persona están experimentando para garantizar que siempre tengas el control de tus emociones y no al revés. La mejor manera de comenzar por este camino es entender las emociones humanas primarias y sus características distintivas.

Generalmente se cree que hay seis emociones primarias que han sido programadas en el cerebro humano a través de los años hasta que son virtualmente las mismas para todos en el planeta. Además, estas emociones son también las más instintivas y las más fuertes de todas las emociones que una persona puede sentir. Estos son la ira, el asco, el miedo, la felicidad, la tristeza y la sorpresa. Estos pueden ser considerados esencialmente los elementos básicos sobre los que se basan todas las demás emociones.

Componentes emocionales: Mayer postuló que una emoción se forma cuando una variedad de estados cognitivos, experimentales y biológicos ocurren al mismo tiempo. Por lo tanto, una emoción básica necesita tres aspectos primarios, comenzando con la experiencia subjetiva/cognitiva que se relaciona con la emoción específica que estás sintiendo. Luego está la respuesta fisiológica que se relaciona con la manera en que la emoción se manifiesta dentro de ti. Finalmente, está la respuesta conductual que es cómo expresas la emoción al mundo.

Mientras que los aspectos básicos de las emociones centrales van a ser los mismos en general, gran parte del resto de la experiencia está destinada a ser subjetiva basada en cosas como la cultura, la raza y la edad, así como una variedad de otros clasificadores. Por otra parte, también es importante pensar en las muchas maneras en que una persona en particular podría expresar una emoción específica en su forma más pura, a diferencia de cuando se mezcla con otras emociones o aspectos de su vida. A continuación se describen algunas de las posibles respuestas:

Respuesta psicológica: La Teoría de la emoción de Cannon-Bard postula que las personas experimentan la emoción, junto con los aspectos físicos de esas emociones, al mismo tiempo. Por lo tanto, si tus manos están sudando y te sientes nervioso, entonces puede ser difícil definir qué causó a la otra. Esto se basa en la forma en que funciona el sistema nervioso simpático. Es un subsistema del sistema autónomo que controla una variedad de funciones involuntarias como la respiración. Este sistema también es responsable de la respuesta de huir o pelear, así como de las respuestas físicas que vienen con todas las emociones. Mientras tanto, la amígdala también juega un papel en la respuesta física relacionada con algunas emociones, así como con las sensaciones de sed y hambre.

Respuesta conductual: El aspecto de respuesta conductual de una emoción es la forma en que se expresa una emoción, separada de la respuesta física que genera en primer lugar, que incluye cosas como fruncir el ceño, sonreír y otras expresiones relacionadas con las emociones. Mientras que algunas de estas son universales, otras requerirán más Inteligencia Emocional para descomponerse, especialmente si estás tratando de entender una emoción que otra persona tuvo cuando hay diferencias culturales que considerar. Con suficiente práctica, podrás determinar cuál será la respuesta emocional de la otra parte ante una situación específica. Cuando otra persona expresa una emoción, alguien con un alto nivel de Inteligencia Emocional será capaz de hacer algo más que simplemente identificarla, será capaz de responder e interpretarla basándose en el lenguaje corporal y la expresión que se está usando.

Capítulo 2: Test de Inteligencia Emocional

Para poder empezar a mejorar tu inteligencia emocional, es importante que entiendas desde dónde estás empezando. Responde la siguiente lista de preguntas honestamente y recuerda que si mientes, la única persona a la que vas a terminar lastimando es a ti mismo. Una vez que hayas anotado tus respuestas, sigue leyendo para ver un desglose de lo que significa tu puntuación.

Al repasar las siguientes preguntas, es importante que seas lo más honesto posible contigo mismo. No hay respuestas correctas aquí, sólo las respuestas más precisas para tu caso. Sólo respondiendo honestamente podrás determinar una base de referencia a partir de la cual podrás trabajar con éxito en el futuro.

Las respuestas de **'100 por ciento falso'** *valen 1 punto*
Las respuestas de **'mayormente falso'** *valen 2 puntos*
Las respuestas de **'ligeramente cierto'** *valen 3 puntos*
Las respuestas de **'mayormente cierto'** *valen 4 puntos*
Las respuestas de **'100 por ciento cierto'** *valen 5 puntos*

1. Cuando experimento una emoción, normalmente puedo identificarla
100% falso
Mayormente falso
Ligeramente cierto
Mayormente cierto
100% cierto

2. Puedo mantener la calma, independientemente de la situación.
100% falso
Mayormente falso

Ligeramente cierto
Mayormente cierto
100% cierto

3. Otras personas dirían que soy un buen oyente.
100% falso
Mayormente falso
Ligeramente cierto
Mayormente cierto
100% cierto

4. Cuando estoy ansioso o molesto puedo calmarme rápidamente.
100% falso
Mayormente falso
Ligeramente cierto
Mayormente cierto
100% cierto

5. Trabajar en grupos grandes es fácil para mí
100% falso
Mayormente falso
Ligeramente cierto
Mayormente cierto
100% cierto

6. Me resulta fácil concentrarme en objetivos a largo plazo
100% falso
Mayormente falso
Ligeramente cierto
Mayormente cierto
100% cierto

7. Los sentimientos y pensamientos negativos no me persiguen.
100% falso
Mayormente falso
Ligeramente cierto
Mayormente cierto
100% cierto

8. Entiendo mis fortalezas y debilidades
100% falso
Mayormente falso
Ligeramente cierto
Mayormente cierto
100% cierto

9. Me resulta fácil negociar y disipar los conflictos
100% falso
Mayormente falso
Ligeramente cierto
Mayormente cierto
100% cierto

10. La mayoría de las veces me gusta trabajar
100% falso
Mayormente falso
Ligeramente cierto
Mayormente cierto
100% cierto

11. Ansío recibir comentarios constructivos
100% falso
Mayormente falso
Ligeramente cierto
Mayormente cierto
100% cierto

12. Cuando establezco una meta a largo plazo, la línea de tiempo suele ser precisa

100% falso
Mayormente falso
Ligeramente cierto
Mayormente cierto
100% cierto

13. Las señales no verbales de otros son a menudo claras para mí

100% falso
Mayormente falso
Ligeramente cierto
Mayormente cierto
100% cierto

14. Me resulta fácil tener una conversación trivial

100% falso
Mayormente falso
Ligeramente cierto
Mayormente cierto
100% cierto

15. Escuchar con precisión es algo en lo que soy bueno

100% falso
Mayormente falso
Ligeramente cierto
Mayormente cierto
100% cierto

Entendiendo tu puntuación

Ahora que has contestado todas las preguntas, es momento de sumar tu puntuación. Recuerda, las afirmaciones 100% falsas valen 1 punto, las afirmaciones mayormente falsas valen 2 puntos, las afirmaciones ligeramente ciertas valen 3 puntos, las afirmaciones mayormente ciertas valen 4 puntos y las afirmaciones 100% ciertas valen 5 puntos.

Puntuación de 15 a 34: Si obtuviste entre 15 y 34 puntos en la prueba de Inteligencia Emocional, entonces ciertamente has llegado al lugar correcto. Te encuentras en esta categoría si con frecuencia te sientes bastante abrumado en situaciones que son estresantes o emocionalmente agotadoras. También perteneces a esta categoría si evitas los conflictos de forma rutinaria o si te estresa más allá de tu capacidad para manejarlos. Esta categoría también incluye a aquellos que tienen dificultades para calmarse una vez que se sienten frustrados o molestos.

Si obtuviste una puntuación en este rango, es importante que empieces a trabajar para mejorar tu Inteligencia Emocional lo más rápido posible. Sin embargo, también es importante entender que será un viaje cuesta arriba, pero que eventualmente será más fácil. Sin embargo, no es de ninguna manera insuperable, y mientras perseveres, deberías empezar a ver resultados reales antes de lo que puedas esperar.

Puntuación de 35 a 55: Si obtienes un puntaje en este rango, entonces ya tienes un nivel de Inteligencia Emocional de leve a moderado (dependiendo del puntaje preciso). Esto significa que es probable que puedas llevarte bien con otras personas que ya son afables pero que quizás tengas problemas en escenarios de Inteligencia Emocional más avanzados. Si estás en esta categoría, es importante que mantengas el rumbo y que seas consciente de cuáles son tus fortalezas y debilidades específicas. Aunque no aprenderás y mejorarás todos los días, todavía tienes mucho que aprender mientras continúes buscándolo.

Puntuación de 56 a 75: Enhorabuena, si has puntuado en este rango general, entonces la mayoría de la gente probablemente te considera bastante encantador, independientemente de si te lo han dicho o no. Es probable que seas una persona a la que la gente acude en busca de consejo y, lo más probable es que tu opinión tenga mucho peso en tus círculos sociales. Aún así, es probable que haya más cosas que puedas lograr y nadie ha logrado nada al sentarse en sus laureles, lo que significa que deberías seguir buscando nuevas formas de mejorar. Una gran manera de hacerlo es asumir un papel de liderazgo en el trabajo. Al hacerlo, es importante que tengas cuidado de no excederte en tu esfuerzo por hacer felices a los demás.

Capítulo 3: Primeros Pasos

Después de que tengas una buena comprensión de lo que es la inteligencia emocional, así como de la variedad de cosas que puede hacer por ti y dónde se encuentra tu Inteligencia Emocional, lo siguiente que vas a querer hacer es acostumbrarte a la idea de mejorar a través de algunos pequeños ejercicios iniciales. Especialmente si tu Inteligencia Emocional es mucho más baja de lo que te gustaría, es importante tener en cuenta que no la vas a llevar a un puntaje de 70 de la noche a la mañana, lo que significa que es mejor empezar con una simple práctica para entrar en calor.

Primero lo primero, vas a querer practicar lo siguiente al menos dos veces al día, una por la mañana y otra por la noche para mantenerte en una mentalidad emocionalmente inteligente. Al elegir el momento de comenzar los ejercicios, asegúrate de que sea un momento que puedas repetir fácilmente cada día, ya que tu mente se adaptará más fácilmente a la práctica con la repetición. Finalmente, querrás practicar todos los días durante un mes completo para asegurarte de que estos ejercicios se conviertan en hábitos bien desarrollados.

Aprende a entender mejor tus sentimientos: Si eres como la mayoría de la gente, entonces tus días son un lío agitado de fechas límite y citas que dificultan encontrar el tiempo para sentarte y ordenar tus pensamientos, y mucho menos para evaluar tu estado emocional. Este problema a menudo se agrava porque una mentalidad estresada y distraída con frecuencia va a ser suficiente para dejar pasar acciones mal pensadas que rara vez harán algo que vaya a mejorar la situación. Por eso es tan importante practicar siempre la comunicación cuando tengas la oportunidad para asegurarte de que serás capaz de priorizar las comunicaciones con los demás cuando ocurran.

Las emociones están ligadas frecuentemente a eventos que están ocurriendo en tu entorno inmediato, pero eso no significa que las emociones que estás sintiendo van a ser automáticamente una respuesta válida a los eventos en cuestión. De hecho, la emoción que estás sintien-

INTELIGENCIA EMOCIONAL Y TERAPIA CONDUCTISTA COGNITIVA

do en el momento podría estar fácilmente ligada a algo que la situación actual sólo está trayendo a tu mente. Si te encuentras en este tipo de situación, entonces sin importar cómo se sienta la emoción, sigue siendo una respuesta incorrecta y necesitas trabajar en romper la asociación en cuestión. Aprender a entender qué emociones sientes en el momento, y por qué, es un paso crucial para mejorar tu Inteligencia Emocional a largo plazo.

Ser consciente de tus sentimientos es una habilidad, lo que significa que puede ser mejorada si estás dispuesto a practicarla. Con ese fin, debes elegir una hora fija cada día para practicar esta habilidad, una vez por la mañana y otra vez por la noche. Cuando practiques, vas a querer revisar todas las emociones que has sentido desde la última vez que te chequeaste y determinar si la emoción que sentiste fue una respuesta correcta a los estímulos que estaban ocurriendo en ese momento.

Una de las cosas más difíciles acerca de la inteligencia emocional es aprender a expresar tus emociones. Esto no se trata de tener emociones; incluso aquellos con una inteligencia emocional alta experimentarán emociones. Pero se trata de dar un paso atrás y darte cuenta de qué emociones encajan en una situación y cuáles no.

Fíjate más de cerca en tus emociones: Una vez que te hayas sentido más cómodo siendo consciente de tu estado mental, el siguiente paso es adquirir el hábito de ser más consciente de la manera en que tus acciones están siendo directamente afectadas por tus emociones y qué acciones están más frecuentemente ligadas a qué emociones. Es importante considerar tanto las emociones positivas como las negativas que sientes, ya que esta información es valiosa para todas las emociones, no sólo para aquellas de las que quieres deshacerte.

De hecho, cuanto más aprendas sobre el espectro emocional en su totalidad, más fácil te resultará identificar las emociones que otros también están sintiendo. Además, después de haber enumerado una amplia variedad de emociones como referencia, podrás entender cuándo te diriges por un mal camino emocional para poder evitarlo cuando sea necesario. Al examinar los comportamientos a los que tus emociones te conducen con más frecuencia, es vital que no hagas el proceso más difícil de lo que necesita ser al juzgar las cosas que estás sintiendo.

Juzgar de esta manera sólo va a añadir emociones aún más complejas a todo lo que ya está sucediendo, lo que hará más difícil llegar al fondo de las cosas. En lugar de juzgarte a ti mismo, te resultará mucho más beneficioso hacer un esfuerzo real para ser consciente de los sentimientos que estás teniendo y de las acciones que causan a medida que los sientes, tanto a corto como a largo plazo. También querrás observar la forma en que afectan tu capacidad de comunicación, tu sentimiento general de satisfacción personal y tu productividad personal.

Expresar tus emociones: Manejar la manera en que reaccionas a tus emociones significa que eres capaz de elegir cómo y cuándo expresar cualquier emoción que estés sintiendo. Aquellos que son capaces de manejar sus emociones entienden que es saludable para ellos expresar sus sentimientos, pero que hay un momento y un lugar adecuados para expresarlos. Estos individuos entienden lo siguiente:

- Ellos saben que son capaces de elegir sus reacciones en lugar de permitir que las emociones se hagan cargo. Esto puede ayudarles a no hacer o decir cosas de las que se arrepentirán más adelante.
- Saben cuándo es mejor hablar y cuándo es mejor para ellos contenerse.
- Entienden que cualquier reacción que tengan influirá en lo que sucederá después, como por ejemplo cómo se sienten o cómo responderán los demás.

Entiende que eres responsable de tus acciones: Si tu Inteligencia Emocional está en el extremo inferior del espectro entonces puede ser difícil para ti entender que eres responsable de todas tus emociones, incluso

INTELIGENCIA EMOCIONAL Y TERAPIA CONDUCTISTA COGNITIVA

cuando esto no se sienta así. El hecho es que aunque no lo parezca, cada emoción es una respuesta a estímulos externos y esa respuesta es una elección. Con suficiente práctica, encontrarás que puedes tomar responsabilidad por tus sentimientos y por las acciones que estos sentimientos pueden haber causado.

Lo que esto significa es que puedes encontrar útil comenzar cada día mientras trabajas para mejorar tu inteligencia emocional, reservando unos minutos para pensar en este hecho y en lo que significa para ti tanto a corto como a largo plazo. Incluso puedes encontrar éxito adicional tratándolo como tu propio mantra personal, de modo que lo pienses todos los días. Eventualmente, debería ser una parte tan común de tu proceso de pensamiento que llegarás a pensar en tus emociones como una herramienta y no como una variable desconocida que necesita ser vigilada. Cuando se trata de trabajar para mejorar tu Inteligencia Emocional definitivamente, este es un paso vital hacia el cual trabajar.

Responder adecuadamente: Cuando se trata de lidiar con situaciones cargadas emocionalmente, la forma más común en que muchas personas tienden a reaccionar es haciendo lo primero que les viene a la mente, sin pensar conscientemente en nada. Reaccionar de esta manera es un tipo de respuesta automática inconsciente, por lo que es una parte tan natural de tu juicio instantáneo promedio. Con la práctica, sin embargo, te darás cuenta de que responder a una situación en lugar de reaccionar ante ella te facilitará mucho la toma de decisiones racionales y bien razonadas que te permitirán obtener respuestas más eficaces en general. Aunque reaccionar sin pensar es una manera fácil de desahogarse emocionalmente, los resultados rara vez van a resultar a tu favor, especialmente cuando se comparan con la forma en que las cosas podrían haber funcionado si te hubieras tomado el tiempo para responder de la mejor manera posible.

Para ayudarle a adquirir el hábito de responder a una situación en lugar de reaccionar ante ella, es importante adquirir el hábito de tomar unos momentos adicionales para centrarte cuando experimentes una situación cargada emocionalmente. Esto también te dará tiempo extra para asegurarte de que lo que estás haciendo es realmente responder, en lugar de reaccionar con un ligero retraso. La mejor manera de hacerlo es pensar por qué te sientes como te sientes antes de tomar esta decisión. También querrás pensar en la decisión que estás tomando y considerar si realmente es la mejor manera de resolver la situación que está ocurriendo de una manera que sea la mejor para todos. Ponerte en el lugar de la otra persona también hará que sea más fácil sentir empatía con ella, especialmente al principio.

No pierdas de vista sus valores: A medida que avanzas en tu día es crucial que monitorees conscientemente las cosas que haces y que consideres por qué es que las estás haciendo. Al hacerlo, es importante que te tomes el tiempo para considerar si realmente es lo mejor que puedes hacer con tu tiempo ahora mismo. Si te das cuenta de que estás en un error, no te hagas sentir mal por ello y, en vez de eso, mira más profundamente dentro de ti mismo y determina lo que tienes que hacer para ver los mejores resultados posibles.

Un ejercicio útil en esta coyuntura es hacer una lista de todo lo que haces en un determinado día como una forma de ayudarte a identificar aquellas cosas que en realidad son las más importantes para ti. Esto debería, a su vez, ayudarte a identificar más fácilmente las cosas que te roban tiempo para que sepas qué recortar para alcanzar más fácilmente tus metas. Esto también te permitirá concentrarte más fácilmente en los sentimientos que estás experimentando, lo que en última instancia te permitirá conocerte a ti mismo más a fondo.

Si descubres que estás haciendo las cosas por las razones equivocadas, lo mejor que puedes hacer es considerar tus valores fundamentales, ya que hay una buena posibilidad de que algo en algún lugar no esté funcionando bien. Si lo miras de cerca, deberías ser capaz de encontrar algo que haya cambiado, esa es la causa. Con tanta información en la punta de tus dedos, deberías ser capaz de encontrar fácilmente una manera de trabajar en lo que sea que te esté haciendo pensar. Mira lo que ha cambiado en tu vida últimamente que puede haber alterado tus emociones de tal manera que no habrías aprobado.

Si esto te sucede, es importante que hagas lo que puedas para evitar desanimarte si no puedes conectar la causa con el efecto, ya que a veces puede ser difícil llegar al corazón del asunto sin cavar aún más profundo. Con suficiente dedicación y trabajo duro, sin embargo, debes ser capaz de descubrir lo que está pasando y los cambios que tendrás que hacer para asegurar que las cosas vuelvan a estar en orden.

Hazte responsable: Nadie te va a obligar a mejorar. Tienes que obligarte a hacerlo. La responsabilidad propia es la cosa más difícil que una persona puede hacer, y también es uno de los mejores regalos que puedes darte a ti mismo. Es una autodisciplina en sí misma porque sin responsabilidad propia, no podrás regañarte a ti mismo si tu voluntad falla. Nadie te va a regañar sino tú, así que tienes que mantenerte a un alto nivel y evitar caer de ahí.

¿Recuerdas cuando eras un niño, y cuando hacías algo malo te metías en problemas, pero cuando hacías algo bien recibías un premio? Bueno, la vida adulta es así también, sólo que tú eres el que reparte los castigos y las recompensas. El truco es no recompensarte por un mal trabajo, aunque pueda ser tentador. Tienes que encontrar un sistema y mantenerlo.

Tener recompensas y castigos te dará más de una razón para hacerte responsable. Quieres obtener las recompensas, y esto hará que sea más fácil hacer lo que quieres hacer si tienes una recompensa por la que esperar. Puedes recompensarte cada vez que des un paso en la dirección correcta hacia tu objetivo, sin embargo, asegúrate de que la recompensa coincida con el tamaño del paso. Si estás a dieta, y tienes un fin de semana haciendo trampas después de hacer dieta durante dos días, estás anulando tu progreso, lo que te hace más difícil alcanzar cualquier cosa. Para pasos pequeños, piensa en recompensas pequeñas. Para pasos grandes, piensa en recompensas grandes. Por supuesto, las penalidades también deben coincidir con la ofensa.

Capítulo 4: Sé Más Consciente de Ti Mismo

Desde la infancia, a la mayoría de las personas se les enseña a categorizar y juzgar sus emociones y las emociones de los demás. Lo que se omite en este adiestramiento temprano es cómo estar más consciente de las emociones personales y cómo éstas afectan las decisiones, conductas y creencias acerca de uno mismo y de los demás. Por ejemplo, es posible que hayas aprendido de niño que llorar era malo. Consecuentemente, como adulto, rara vez lloras y nunca soñarías con hacerlo en público. Si alguien en quien confiabas te hubiera enseñado que el llanto es sólo una forma en que tu cuerpo te permite liberar la presión y el estrés acumulados, entonces tal vez serías más capaz de manejar tus propias lágrimas y te sentirías más cómodo cerca de los demás cuando ellos sientan la necesidad de llorar.

Ese es el primer paso para crear más conciencia emocional. Deja ir tus juicios y categorías pasadas donde has guardado convenientemente las emociones con las que te sientes incómodo. Cuando llores o veas que alguien más llora, coge un pañuelo desechable y experimenta los efectos acuáticos. Te sorprenderás de lo refrescado que te sentirás cuando te permitas experimentar la honestidad de tus emociones sin necesidad de tratar de explicar o rectificar la situación. Sólo siente la emoción cruda. A medida que piensas en lo que estás sintiendo con las lágrimas, la mayoría de ellas probablemente se secarán por sí solas, y estarás consumido por la maravilla de los sentimientos asociados con las lágrimas.

El proceso de conciencia mejora cuando se cierra la puerta al juicio y a la crítica. Recuerda: no hay un momento correcto o incorrecto para sentir tus emociones. Lo único que está mal es decidir no sentir nada. Cuando te permites sentir y pensar en las emociones que estás sintiendo; has aumentado la conciencia de cómo usar tus sentimientos para impactar positivamente tu vida.

Evaluación Personal

INTELIGENCIA EMOCIONAL Y TERAPIA CONDUCTISTA COGNITIVA

Para llegar a ser tan consciente de ti mismo como sea posible, necesitarás evaluarte a ti mismo cuando se trate de tus fortalezas y debilidades personales. Si encuentras que tienes dificultades para ser abierto y honesto contigo mismo sobre estas cosas, entonces puedes tener más éxito si pides ayuda a otros. También es posible que encuentres que las pruebas de personalidad estandarizadas son útiles para ayudarte a identificar varios valores, habilidades y destrezas personales. Por último, si sientes que no puedes empezar, los siguientes consejos pueden ayudarte.

Intenta escribir las cosas: **Para ser más autoconsciente, un buen punto de partida es anotar sus prioridades a corto plazo y sus planes a largo plazo. Es probable que ya tengas metas o planes flotando en tu mente, así que tomarte el tiempo para escribirlos puede ser una buena manera de asegurarte de que siempre estés en el camino correcto sin importar nada. Una vez que te acostumbras regularmente a este hábito, te darás cuenta de que hace que tus objetivos parezcan más concretos, lo que, a su vez, debería facilitarte mucho el trabajo para alcanzarlos.

Un buen punto de partida es hacer una lista de todas las cosas que quieres lograr a corto plazo, incluyendo metas y planes específicos. Esto debería permitirte decidir en qué centrarte primero, así como qué métricas puedes usar para medir tu progreso a lo largo del camino. Un gran ejemplo de esto es Warren Buffet, quien también es conocido por articular claramente las razones por las que realiza una inversión específica en el momento de la inversión, en lugar de buscar formas de justificar sus decisiones después del hecho. Él lleva un diario que está lleno de sus registros de inversiones que le ayuda a determinar si una nueva inversión es una buena opción basada en la información pasada que ha acumulado.

Mientras que tu diario personal probablemente cubrirá más que sólo inversiones, puedes seguir usando el mismo enfoque hacia el éxito que Warren Buffet. Específicamente, puedes exponer claramente los planes en los que vas a trabajar a continuación, ya sea iniciar un negocio, obtener un ascenso o simplemente irte de vacaciones antes de escribir por qué exactamente quieres lograr estos objetivos. Las razones que se te ocurran no sólo deben estar bien pensadas, sino que también deben ser relevantes para tu situación inmediata.

El objetivo de este ejercicio es facilitarte la reflexión sobre tus planes para el futuro de una manera activa, en lugar de pasiva. Es fácil sentirse frustrado en un momento en que te sientas atascado y pareciera que no estás avanzando; llevar este diario debería ayudarte a asegurarte de que siempre sientas que te estás moviendo en la dirección correcta. Cuando escribas tus metas y puedas referirte al razonamiento que hay detrás de ellas cuando te sientas desanimado, te darás cuenta de que es mucho más fácil ver cuáles son tus planes reales y cuáles son en realidad sólo sueños imposibles.

Cuando te encuentres con un sueño imposible, te darás cuenta de que es mucho más fácil cambiar tu plan de juego y probar algo diferente de una manera proactiva y positiva. Además, a menudo te darás cuenta de que planear con anticipación será suficiente para provocar una mejora significativa en tus resultados promedio, lo que significa que puedes esperar mejores resultados la mayor parte del tiempo.

Cuando se trata de hacer un seguimiento, es vital que uses un diario físico y también que escribas en él todas las noches. Llevando un registro de tus experiencias, de cómo te hicieron sentir y las reacciones físicas que vinieron con ellas. Asegúrate de tomar nota de las expresiones físicas de las emociones, incluyendo dolor en los hombros, rigidez en el cuello o aumento de la frecuencia cardíaca. Mientras que puede ser difícil llevar un registro de todo lo que sucede en tu cabeza al principio, con algo de práctica, encontrarás que se vuelve mucho más fácil y que te vuelves más consciente de tu verdadero estado interior en general, sin siquiera intentarlo.

Con esto fuera del camino, la siguiente cosa que querrás hacer es ampliar esta lista para que describa el papel que has jugado en cada momento. Es de suma importancia que menciones el papel que desempeñaste en la experiencia si alguna vez esperas cambiar las cosas para mejor y puedes incluir cosas como madre, padre, hermana, hermano, empleado, espectador, cliente, etc. Querrás mantener tus roles bastante amplios para asegurarte de que veas alguna superposición todos los días para que puedas empezar a ver los patrones emergentes.

Con suficiente tiempo, descubrirás que eres capaz de usar el diario como un mapa para avanzar de la manera más productiva posible, ya que te facilitará mucho más asociar apropiadamente roles específicos con las emociones comúnmente asociadas con ellos. No olvides que hombre prevenido vale por dos, lo que significa que si te encuentras en una situación que tenga connotaciones negativas anticipadas, entonces te resultará mucho más fácil de manejar, porque ya has estado ahí antes y sabes qué puedes esperar. Idealmente, esto te dará el tiempo extra que necesitas para prepararte para manejar las cosas tan efectivamente como sea posible.

Es importante que hagas todo lo posible para identificar los detalles específicos de cada emoción tan minuciosamente como sea posible. Parte de esto debe incluir la examinación mental de las emociones que es probable que sientas en una situación dada. Después de todo, los nombres tienen poder, y nombrar tus emociones es a menudo el primer paso para domarlas con éxito de una vez por todas. Después de que estés apropiadamente consciente de las emociones que es probable que experimentes a corto plazo, te darás cuenta de que es más fácil resguardarte de ellas. De hecho, con suficiente práctica, encontrarás que tus defensas deben estar naturalmente a la altura de las circunstancias sin que tengas que pensar en eso de forma activa.

Pídele a otras personas que te den su opinión: Mientras que muchas personas naturalmente sienten la necesidad de esconderse bajo una roca cuando entra en juego la idea de escuchar las opiniones de sus pares, no toda retroalimentación es intrínsecamente negativa. Además, la sensación de que este es el caso sólo es probable que te haga perder oportunidades valiosas para aprender más acerca de tus fortalezas y debilidades, incluyendo muchas de las que no eres consciente a menos que alguien más te lo haya dicho. De hecho, cuanto antes empieces a entender el tipo de retroalimentación con la que estás lidiando, antes podrás empezar a aceptar la ayuda que algunas personas están tratando de brindarte.

Hay muchas maneras de empezar a acostumbrarse a aceptar comentarios constructivos, empezando por pedir simplemente que las personas más cercanas a ti no se abstengan de hacer críticas personales a tu vida cotidiana. Si eres el tipo de persona que teme la honestidad de todo tipo, entonces este es el lugar para empezar, ya que puedes confiar en que estos individuos sólo te dirán el tipo de cosas que realmente necesitas saber, mientras que al mismo tiempo sólo te dirán cosas que te duelen cuando sean realmente necesarias.

Para empezar, lo primero que tienes que hacer es hablar con las personas más cercanas a ti y explicarles lo que estás tratando de hacer y cómo pueden ayudarte. Querrás pedirles sus opiniones más sinceras y honestas con respecto a tu presentación personal del día a día. Antes de comenzar, también querrás hacer todo lo que esté a tu alcance para hacerles saber que no habrá consecuencias por las cosas que dicen y que están en un lugar donde pueden expresar sus opiniones con seguridad. Mientras que estás seguro de obtener alguna retroalimentación negativa como resultado, es importante hacer todo lo que pueda para que las cosas avancen tan productivamente como sea posible si alguna vez esperas mejorar realmente tu Inteligencia Emocional.

No olvides que tu objetivo en este punto es obtener la mayor cantidad de información honesta posible, lo que significa que vas a querer evitar reaccionar en la mayoría de los casos a menos que tengas algo positivo que decir en respuesta. Después de que tengas una mejor idea de todas las cosas en las que necesitas trabajar, puedes pedirle a este mismo grupo de individuos que llamen tu atención sobre las actividades o hábitos negativos que te ven cometer mientras estás en público. Esto es especialmente efectivo tanto en los temas que han salido a la luz recientemente como en aquellos que han sido expuestos anteriormente pero que ahora están volviendo a aparecer.

Como un ejemplo, si eres el tipo de persona que siempre le gusta estar en el centro de la atención, entonces tus amigos podrían ser capaces de ayudarte con eso llamando tu atención hacia esa tendencia como un modo de ayudarte a controlarlo antes de que realmente comience a salirse de control. Siempre y cuando les dejes claro a tus amigos que realmente están ayudando en lugar de ser groseros, deberías ser capaz de hacerles hablar en lugar de mantener sus bocas cerradas por miedo a herir sus sentimientos.

Después de que te hayas comenzado a acostumbrar a la idea de obtener retroalimentación constructiva regularmente de tus personas más cercanas, la siguiente cosa que debes hacer es ampliar este círculo al lugar de trabajo también. En términos generales, la mayoría de las empresas tendrán algún tipo de sistema de retroalimentación establecido, ya sea a través de la gestión o de recursos humanos directamente. Siempre y cuando proceda de una manera respetuosa y productiva, es una gran manera de determinar tus fortalezas y debilidades profesionales en un momento determinado en el tiempo para que sepas dónde centrarte con el fin de mejorar.

Mientras que escuchar tantos comentarios a la vez puede ser difícil, especialmente si previamente lo evitaste tanto como fuere posible, es importante seguir y entender que es una parte crucial del proceso general de hacerte más consciente de tí mismo y, en última instancia, conseguir que tu Inteligencia Emocional llegue a donde tiene que estar. Después de todo, es bastante fácil encontrarse atrapado en una rutina que funciona para ti, más o menos, hasta el punto de que no piensas activamente en lo que estás haciendo día a día o cómo las cosas que estás haciendo hacen que otras personas te vean. Pedir retroalimentación y trabajar en usar lo que has aprendido para mejorarte a ti mismo es el primer paso para mejorar de una vez por todas tu Inteligencia Emocional.

Descubriendo patrones negativos

Antes de que puedas comenzar a hacer los cambios positivos que sabes que realmente cambiarán tu vida para mejor, necesitas entender los patrones que estás repitiendo regularmente y cómo afectan tu experiencia diaria. La mejor manera de hacer esto es practicar, ya que el reconocimiento de patrones es una habilidad que es la única manera en la que lo encontrarás más fácil de manejar. Si no estás seguro de cómo empezar, considera los siguientes consejos.

Comienza por ver los patrones a tu alrededor: Si te parece que se te dificulta ver tus propios patrones personales, en su lugar, centra tu atención al mundo a tu alrededor y busca los patrones en todo lo que veas. Cuantos más patrones identifiques más fácil será identificar patrones adicionales en el futuro, por lo que eventualmente serás capaz de empezar a notar patrones en las personas que te rodean también. Una vez que eres competente en ver los patrones en el mundo en general, la identificación de tus propios patrones debe parecer mucho más manejable.

Una vez que hayas encontrado la mentalidad de identificación de patrones correcta, te parecerá que es más fácil determinar cómo cada uno de estos patrones contribuye al éxito o fracaso de la persona o cosa que los exhibe. Vuelve esa intuición hacia adentro y piensa en tus aflicciones y pruebas diarias, y cómo los patrones les afectan. Si bien puede ser difícil mirar tu vida desde una perspectiva analítica, es una habilidad crucial para desarrollar, ya que es la única manera con la que encontrarás cambios reales.

Si sientes que no estás viendo todos los patrones que existen para ti, no te preocupes, tu capacidad de detectarlos mejorará con el tiempo. Recuerda, considera la causa y el efecto de las cosas que ves y los patrones que contribuyen a ellas deben hacerse más visibles. Puede que encuentres que la agrupación de la información pertinente haga que patrones sin sentido se vuelven más visibles.

INTELIGENCIA EMOCIONAL Y TERAPIA CONDUCTISTA COGNITIVA

Comienza a buscar patrones para cambiar: Una vez que tengas una idea clara de los patrones como son, puedes empezar a hacer tu mejor esfuerzo para determinar lo que debería ser cambiado primero para obtener el mejor resultado, así como aquellos que quieres duplicar para asegurarte de que sigan sucediendo durante el mayor tiempo posible. Sin embargo, cambiar patrones personales es más fácil al momento de decirlo que al hacerlo, ya que implica también el cambio de hábitos personales, algunos de los cuales pueden haberse dado durante mucho tiempo. La planificación es clave en esta coyuntura, ya que será extremadamente fácil para ti resbalar y volver a caer en tus viejos hábitos con siquiera pensar en ello.

Por ejemplo, imagina que tomas mucho trabajo generalmente como una manera de evitar relaciones humanas más profundas. Con esto en mente, podrías entonces hacer un esfuerzo concentrado para no trabajar tanto los fines de semana y forzarte a terminar el trabajo con tus compañeros de trabajo para asegurarte de que el trabajo se haga sin requerir un sacrificio personal extra de tu parte.

Es extremadamente importante seguir alterando los primeros patrones que tienen influencia negativa, ya que empezar y no seguir con el cambio personal es un patrón extremadamente fácil en el que puedes caer. Si alguna vez esperas hacer un progreso real hacia el cambio que estás buscando, entonces necesitas asegurarte de que tu patrón con respecto al cambio sea positivo en lugar de negativo. Además, vas a querer tener en mente el hecho de que se necesita más para hacer un nuevo plan para cambiar patrones profundamente arraigados, también se necesita compromiso, mucho tiempo y un estado de hiper-vigilancia que prevenga que el patrón aparezca de nuevo cuando menos lo esperes.

Considera tu pasado: Si estás buscando patrones en el momento, entonces es probable que no estés tomando en cuenta muchos de ellos. Es mucho más fácil ver los patrones en el retrovisor con la ventaja de la retrospectiva, que es siempre 20/20. Cada patrón puede ser visto en sus resultados, si encuentras que haces dos cosas diferentes que finalmente conducen al mismo resultado, entonces es importante que consideres ambos más cuidadosamente para determinar qué patrones están influenciando estos resultados. Con dos puntos de información, tienes todo lo que se necesita para encontrar otros puntos adicionales, asumiendo que te tomas el tiempo para considerar ambos completamente de antemano.

Los patrones también se pueden encontrar en la forma en que los eventos actuales están influenciados por eventos y decisiones pasadas. Encontrar similitudes en estos escenarios también te puede proporcionar los puntos de información que necesitas para trazar tus patrones. Una vez más, se trata de tomar el tiempo para darte cuenta de estos patrones y luego actuar en consecuencia. Encontrar patrones no tiene sentido si no se actúa sobre ellos.

Patrones a evitar: Hay muchos tipos diferentes de patrones de comportamiento que pueden hacer mucho más difícil alcanzar el nivel de inteligencia emocional que te gustaría. Si durante tu encuesta interna te encuentras con alguna de las siguientes situaciones, es importante hacer un plan para alterarla lo más rápido posible. El deseo de gratificación instantánea hará difícil comprometerte con un curso de acción que requiere un período prolongado de esfuerzo por adelantado, lo que dificulta comprometerte con un cambio real que podría conducir al empoderamiento. Dicen que la ignorancia es felicidad, pero elegir permanecer ignorante sobre temas importantes sólo conducirá a problemas a largo plazo. Aunque es importante mantener cierto grado de control sobre lo que está sucediendo a tu alrededor, un deseo dominante de control en todos los aspectos de tu vida sólo causará más daño que bien.

Puedes encontrar un patrón personal que indica que tu reacción de huir o luchar está sesgada de una manera u otra más de lo que debería ser, el equilibrio es una clave para el empoderamiento personal, razón por la cual es tan importante que reorientes tu reacción instintiva a las cosas. Finalmente, puedes encontrar que tienes un patrón de postergación hasta el último momento, ya sea porque tienes miedo de tener

INTELIGENCIA EMOCIONAL Y TERAPIA CONDUCTISTA COGNITIVA

éxito o porque no puedes encontrar motivación de ningún modo. Independientemente de la causa de fondo, este patrón necesita ser desterrado completamente si alguna vez esperas encontrar un verdadero empoderamiento interior.

El primer paso para hacer algo sobre un patrón contraproducente es admitir que estás en medio de un patrón. Si te encuentras en esa misma situación que no es exactamente ideal más de 4 veces, entonces las probabilidades son que hay un patrón en juego. Si te encuentras preguntándote por qué nunca llegas a hacer algo, por qué la gente siempre es mala o indiferente hacia ti, o preguntándote por qué siempre te ocurre alguna tragedia, entonces tienes que dejar de hacer preguntas y empezar a trabajar hacia el cambio. Una vez que te encuentras en un ciclo negativo puedes comenzar a romperlo empezando a tomar pasos para iniciar el cambio.

Capítulo 5: Descubre Tu Pasión

Descubrir las cosas que realmente te apasionan es una parte importante de la mejora de tu Inteligencia Emocional a largo plazo, ya que te hará posible descubrir un lado oculto de ti mismo que nunca antes sabías que existía. La razón por la que esto es tan importante es que, para muchas personas, la pasión es una causalidad de la era digital. Hay tanto contenido en el exterior para consumir día tras día que es difícil evitar la idea de que hay un millón de personas que son mejores que tú en lo que sea que te gusta hacer con tu tiempo. Esto, a su vez, hace que la idea de aplazar la persecución de esa pasión sea mucho más fácil que darlo todo y tratar de hacer lo mejor posible para terminar en algún lugar en medio de la manada.

No hace falta ser un científico de cohetes espaciales para ver el estrés adicional que conlleva esforzarse por alcanzar algo que nunca se puede lograr, lo cual nunca es bueno para nadie, pero es especialmente difícil para aquellos que actualmente están dando lo mejor de sí para mejorar su Inteligencia Emocional. Este capítulo te ayudará a redescubrir tus pasiones y te proveerá algunos consejos para ayudar a tu cuerpo a relajarse hasta el punto en que no te sientas sobrecargado.

Respira: La primera cosa que necesitas hacer para encontrar tu pasión, es aprender a calmarte y respirar de vez en cuando. La manera fácil de hacerlo es simplemente llegar a un acuerdo con el hecho de que, independientemente de lo duro que trabajes, nunca serás capaz de complacer a todas las personas el 100 por ciento del tiempo. Para aquellos que son impulsados naturalmente a ayudar a otros, la idea de decir no, puede ser difícil hasta el punto de hacerlos sentir enfermos. La razón por la que es tan difícil es que no pueden soportar la idea de fallarle a nadie, así que se ponen en situaciones donde sacrifican su felicidad y bienestar por la felicidad de otros.

Si este tipo de pensamiento te suena familiar, entonces es importante dejar de pensar en ti mismo como un mártir y parar antes de salir lastimado. Al final del día, eres sólo una persona, lo que significa que

INTELIGENCIA EMOCIONAL Y TERAPIA CONDUCTISTA COGNITIVA

eventualmente no serás capaz de hacer el trabajo de dos o más personas a la vez. Ten en cuenta que la vela que arde por ambos extremos se quema el doble de rápido. Si terminas en una situación en la que nunca tienes tiempo para pensar bien las cosas, y ni hablar de relajarte y recobrar fuerzas, te darás cuenta de que es mucho más difícil mejorar tu inteligencia emocional.

Aunque puede ser difícil tomar las cosas con calma, especialmente cuando te estás acostumbrando al concepto, es vital que hagas lo que puedas para asegurarte de que se convierta en un hábito si quieres tener la oportunidad de mejorar tu Inteligencia Emocional de una vez por todas. Una vez que te calmes de una vez por todas, te darás cuenta de que es mucho más fácil encontrar la mejor versión de ti mismo porque de repente tienes tiempo para empezar a cuestionar quién eres, posiblemente por primera vez en toda tu vida.

Para poder calmar las cosas de una vez por todas y a largo plazo, hay algunas cosas que puedes intentar. Si bien es cierto que todavía tendrás algunas tareas regulares que requieren tu atención, comenzarás a ver resultados reales si puedes dedicar tan sólo 15 minutos al día a lo que te apasiona. A pesar de que esto no parezca mucho, puedes intentarlo y quizás te sorprendas al ver la diferencia que hace. Para obtener los mejores resultados, vas a querer reservar tiempo a la misma hora cada día para que se convierta en parte de tu rutina, llueva o truene. No importa lo que hagas durante este tiempo, sólo importa que sea algo que disfrutas y algo que te deje sintiéndote feliz y relajado.

Mientras que al principio te puede resultar difícil desconectarte de cualquier otra cosa que esté sucediendo durante el día, es importante que sigas adelante, ya que mantenerlo es vital para tu salud a largo plazo, tanto en lo que respecta a la mente como al cuerpo, y también para ayudar a que tus habilidades de pensamiento crítico permanezcan en su mejor estado. Cuando se deja sin tratar, el estrés puede nublar tu juicio y hacer que hagas cosas que de otra manera no harías si hubieras reaccionado con la cabeza despejada. Por lo tanto, cuanto más puedas relajarte, más fácil te resultará despejar tu mente y utilizar tu Inteligencia Emocional disponible como nunca antes.

Sé único: Mientras que todo el mundo tiene ciertas cosas sobre ellos que los diferencian de la multitud, muchas personas no se toman el tiempo suficiente para centrarse en las cosas que los hacen únicos y las maneras en que pueden compartir mejor sus talentos únicos con el mundo. Este es un curso de acción mucho más productivo que lo que ellos eligen hacer en su lugar, lo que a menudo equivale a preguntarse por qué no tienen los talentos y habilidades únicos de los demás.

Aceptar lo que te hace único es una gran manera de mejorar tanto tu autoexpresión como tu autoconciencia, al mismo tiempo que sigues tu pasión, lo que significa que es una excelente parada en el camino hacia un nivel mejorado de Inteligencia Emocional. Por otro lado, si pasas todo tu tiempo preguntándote por qué no eres tan talentoso como otra persona de una manera específica, especialmente si es alguien con quien interactúas regularmente, entonces esto no causará nada más que conflictos que te harán difícil dar pasos positivos hacia adelante. Dejar ir estos sentimientos de envidia no sólo te ayudará a sentirte más relajado, sino también más capaz de hacer frente a lo que viene a continuación.

Mejora tu confianza: La construcción de la confianza en uno mismo es un sueño que mucha gente tiene, pero que pocas personas en realidad cumplen. Esto se debe a que puede ser muy difícil empezar si no tienes mucha confianza en ti mismo. La confianza en uno mismo también es importante cuando se trata de expresarte y expresar tu Inteligencia Emocional, ya sea a corto o a largo plazo. Incluso si tu autoconfianza está en los depósitos de basura, hay una serie de ejercicios útiles que puedes hacer para forzar tu mente a ver las cosas de una manera segura de ti mismo.

Si te sientes asustado cuando llega el momento de confiar en ti mismo, es importante que entiendas que la única manera de enfrentarte a este miedo en particular de una vez por todas es si lo dominas completamente. Si no estás seguro del resultado de un evento específico, es-

INTELIGENCIA EMOCIONAL Y TERAPIA CONDUCTISTA COGNITIVA

ta incertidumbre puede fácilmente convertirse en anticipación, la cual puede convertirse en miedo si no tienes cuidado. Reaccionar con ansiedad en un momento en el que deberías reaccionar con confianza en ti mismo destruirá cualquier impulso que puedas haber acumulado en el ínterin, lo que significa que terminarás de nuevo en el punto de partida.

Por lo tanto, es posible que descubras que lo pasas mejor confiando en ti mismo si reaccionas a la ansiedad que sientes como si se tratara de curiosidad. En lugar de estar ansioso por el resultado, puedes engañar a tu mente para que sienta curiosidad sobre el posible resultado. La confianza en uno mismo y la curiosidad van de la mano mucho más fácilmente que la confianza en uno mismo y la ansiedad, lo que significa que es una forma fácil de ayudarte a mantener el ímpetu de tu confianza una vez que esté en funcionamiento.

Si encuentras que siempre respondes a ciertas situaciones que requieren más confianza en ti mismo de la misma manera temerosa, es importante entender cuánto le gustan los patrones a la mente humana. De hecho, ama tanto a los patrones que en ocasiones los creará incluso cuando no están presentes. Por lo tanto, podrías estar respondiendo a un patrón que es diferente al que se aplica a tu situación dada. Para probar esta teoría, la próxima vez que te sientas nervioso o asustado antes de tener que tener confianza en ti mismo, puedes tomarte un momento extra para pensar en lo que está sucediendo actualmente y ver si tus sentimientos están justificados.

A veces te sorprenderás a ti mismo y volverás con algo que merece una segunda mirada; sin embargo, lo más frecuente es que encuentres que no hay nada específico para que tengas miedo, lo que significa que puedes proceder con confianza. Si nada específico se te viene a la mente entonces las probabilidades son fuertes de que tu mente está simplemente creando patrones donde no existen. Con la práctica, deberías ser capaz de comprender que puedes mejorar tu autoconfianza y luego usarla para mejorar tu Inteligencia Emocional más allá de tus niveles actuales.

Diviértete: Cuanto mayor seas, más ocupada estará tu vida hasta que, antes de que te des cuenta, todo tu tiempo lo dediques a trabajar para pagar tus cuentas o a prepararte para algún punto en el futuro, de modo que incluso tus días libres sólo se dedicarán a ponerte al día. Es más, este tipo de rutina es a menudo bastante insidiosa, lo que significa que probablemente no te darás cuenta de lo mal que se han puesto las cosas hasta que no puedas ni siquiera empezar a imaginar cómo terminaste enterrado bajo tantas tareas dispersas. Lo que es peor, concentrarse en los detalles sin mirar la imagen completa hará poco para mejorar tu Inteligencia Emocional, o para ayudarte a salir de debajo de tu desastre.

Aunque puede ser sorprendente, el hecho es que simplemente tomarse el tiempo para añadir más diversión a tu vida puede ser una gran manera de sacudir tu mentalidad mejorada y hacer que las cosas se muevan en la dirección correcta una vez más. Te darás cuenta de que es mucho más difícil tener una visión miope de la vida cuando tienes una perspectiva positiva de las cosas que haces la mayor parte de tu tiempo. Si bien es probable que no lo parezca ahora, realmente puedes tener un hogar y un equilibrio en tu vida laboral.

Ese balance va a ser diferente para cada uno de nosotros, pero incluso si nos movemos en un 10 por ciento en la otra dirección, seguramente tendremos repercusiones importantes en nuestra vida. Concentrarse sólo en el corto plazo puede hacer que sea difícil que sientas que has logrado algo, lo cual puede hacerte sentir amargado e insatisfecho. Cuando te tomas el tiempo para enfocarte realmente en la diversión en tu vida te sorprenderás de lo rápido que incluso los días más oscuros parecen más brillantes.

Capítulo 6: Exprésate

Si alguna vez quieres mejorar tu Inteligencia Emocional, no sólo en teoría sino en la práctica, tendrás que hacer lo que puedas para asegurarte de que te expresas de la forma más efectiva posible, incluso cuando hacerlo puede ser más difícil de lo que preferirías. Desafortunadamente, esto es a menudo más fácil decirlo que hacerlo, ya que a menudo es mucho más fácil quedarse quieto y seguir a la multitud que arriesgarse a sacudir el barco y hacer que los demás piensen menos de ti si las cosas no van de acuerdo al plan. Aunque esto puede funcionar por un tiempo, en realidad no hace más que ponerle una curita al problema y probablemente te haga sentir aún peor en el transcurso del tiempo.

Es importante entender que expresarse plenamente no te da derecho a hacer que otras personas se sientan peor consigo mismas, a menos que sea por un bien mayor o que sea inevitable. Recuerda, la Inteligencia Emocional es más que simplemente entender y escuchar los sentimientos de los demás, también se trata de expresarte lo más claramente posible cuando hablas de tus pensamientos, emociones y sentimientos. Trata de tener en cuenta lo siguiente a la hora de expresarte y descubrirás que el proceso es más fácil de lo que esperas.

Defiende algo: ¿Cuántas veces te encuentras con alguien que parece estar perdido y confundido? Ellos van con la multitud, haciendo lo que todos los demás quieren hacer ese día, sin dar su propia opinión sobre estas cosas. Pueden actuar como si estuvieran felices, pero por lo general, pueden sentirse un poco resentidos porque sienten que no pueden hablar con los demás en absoluto. Este resentimiento puede realmente dañarlos porque conducirá a malentendidos y a una actitud de "todo el mundo está contra mí".

No importa quién seas, tienes que aprender a defender algo. No tiene que ser algo grande. Si estás en un grupo de amigos y no te gusta la comida mexicana, asegúrate de levantarte y decir eso cuando el grupo está tratando de decidir dónde comer. Es poco probable que alguien se sienta ofendido por tu aviso; por el contrario, tomarán en consideración tu opinión y es posible que no tengas que sufrir durante una hora en un lugar que no tiene nada que quieras comer.

Este es un pequeño ejemplo de cómo defender algo, pero básicamente significa que tienes que hablar y asegurarte de que te escuchen. Muchas de las frustraciones que ocurren en la vida diaria suceden porque la gente está demasiado preocupada por evitar hacer enojar a los demás y se quedan callados. Pero cuando vives tu vida siempre preocupándote por lo que los demás piensan y nunca logras hacer lo que tú quieres, puedes estresarte y enfadarte y probablemente perderás esa inteligencia emocional porque no podrás ver las cosas desde el otro punto de vista.

Por supuesto, tu postura nunca debe ser cruel y debe tomar en consideración a los demás. Todavía tienes que pensar en lo que les gusta a los demás y ser empático con ellos, pero esto no significa que necesitas ser atropellado todo el tiempo tampoco.

La única persona a la que necesitas impresionar es a ti: Si bien es cierto que hacer que la gente te respete es mejor que la otra opción, es importante recordar que no es el fin del mundo si no lo hacen. Si bien esto es lo contrario de lo que enseña el mundo digital, en realidad es cierto, la única persona de la que tienes que preocuparte es de ti mismo. Independientemente de lo duro que puedas trabajar, siempre habrá algunas personas que hablen a tus espaldas o se enojen cuando tengas éxito. Sin embargo, si vives tu vida al máximo, entonces es probable que sea una pequeña fracción del total que no necesites pensar dos veces, lo que significa que es mucho menos importante de lo que parece ser en ese momento.

Para expresarte al máximo, lo primero que querrás tener en cuenta es que, por muy importante o embarazoso que te parezca algo en este momento, la gran mayoría de la gente lo habrá olvidado por completo al día siguiente o, lo que es aún más probable, ni siquiera lo habrá notado.

INTELIGENCIA EMOCIONAL Y TERAPIA CONDUCTISTA COGNITIVA

Es importante tener esto en mente ya que una de las partes difíciles de la autoexpresión que muchas personas no logran dominar es dejar de pensar que otras personas los van a juzgar por expresarse sin barreras. La verdad del asunto es a menudo todo lo contrario, la mayoría de la gente tiende a estar tan envuelta en su propio drama personal que no pensarán dos veces en nada de lo que digas o hagas, bueno o malo, lo que significa que nunca pensarán que algo es tan importante como lo que tú haces.

Mientras que el hecho de que pocas personas van a realmente prestarte atención es algo deprimente, también es extremadamente liberador, ya que te libera de tener que pasar todo tu tiempo preocupándote por lo que piensan los demás. De ahora en adelante, en lugar de preocuparte por lo que todos a tu alrededor puedan decir o hacer, puedes concentrarte en hacer las cosas que te hacen sentir bien en este momento y dejar que los demás se preocupen por ellos mismos.

Mientras sientas que puedes mantener tus palabras y actuar luego, sin importar lo que otras personas puedan pensar, puedes seguir adelante con la cabeza bien alta y sin nada que perder. También liberará un poco de espacio mental para que consideres cómo te sientes realmente acerca de una acción potencial que te hará más fácil evitar aquellas cosas de las que seguramente te arrepentirás en algún momento en el futuro. Avanzando, concéntrate en impresionarte a ti mismo primero y sobre todo con todo lo que haces en la vida y estás destinado a terminar impresionando a otros en el proceso.

Encuentra una musa: Si te sientes con dificultades para expresarte desde el principio, es posible que quieras hacer algo que te sirva de musa para hacer que te expreses por ti mismo. Mientras que algunas personas son naturalmente expertas en expresarse verbalmente, muchas personas tropiezan con sus palabras con muy poca dificultad. Afortunadamente, hay muchos otros medios de expresión, lo que significa que si no eres muy hablador, es probable que haya una mejor forma de expresión para ti.

Así, la pregunta pertinente se convierte en cuál podría ser tu musa y cómo podrías descubrirla. Para algunas personas, esta musa vendrá en forma de hablar en público, lo que les obliga a interactuar con extraños mientras hablan frente a una multitud de individuos con ideas afines. Otras personas podrían tener más éxito en expresarse por escrito. Aunque puede que no se sientan cómodos hablando frente a una gran multitud, esta sigue siendo una forma de expresarse. Si te encuentras en esta categoría, entonces puede parecerte que escribir lo que quieres decir de antemano puede ser bastante efectivo.

Para aquellos que se sienten atraídos naturalmente hacia la música, tocar música puede ser una excelente manera de drenar emociones complicadas y tocar con un grupo puede ser una gran manera de acostumbrarse a la idea de ser expresivo en un entorno social. También te ayudará a acostumbrarte a la idea de interactuar con las emociones de otras personas en la música.

Independientemente de cuál sea tu pasatiempo, hay algo que puedes hacer para ayudarte a expresarte más claramente. Mientras tu pasatiempo te permita sentirte libre y dejar de preocuparte por lo que otros piensan, entonces puedes llamar a esa actividad tu musa. Pasar tiempo en cualquier cosa que realmente disfrutes hará que sea más fácil para ti llevar un registro de tus emociones mientras que también dejas salir tu frustración de una manera inofensiva, lo cual también hace que sea más fácil para ti construir tu Inteligencia Emocional.

Capítulo 7: Maneja Tus Relaciones

Una vez que hayas aprendido todo lo que puedas sobre las emociones de los que te rodean, ahora es el momento de aprender más sobre cómo mantener relaciones saludables y expandir nuevas interacciones potenciales. También aprenderás a inspirar a otros a actuar comunicándose claramente, disipando potenciales conflictos. Si esperas manejar exitosamente tus relaciones, entonces necesitas usar lo que has aprendido hasta ahora para determinar cómo tú y la otra parte se están afectando mutuamente y qué efecto están teniendo las fuerzas externas en el escenario con el que ahora te encuentras lidiando. Sólo teniendo una imagen clara y precisa de todas las piezas en movimiento serás capaz de encontrar la solución adecuada para complacer a todo el mundo.

Determinar una descripción exacta del escenario te permitirá determinar más fácilmente cómo proceder en base a las herramientas que tienes a tu disposición. Es importante obtener siempre la opinión de todas las personas involucradas y tomarse el tiempo para considerar con precisión su estado emocional, además de escuchar lo que tienen que decir. De hecho, la combinación de los dos flujos de datos te permitiría llegar al fondo de lo que realmente están pensando, independientemente de lo que puedan estar diciendo en voz alta. De esta manera podrás trabajar en la determinación de una solución que sea adecuada para todos de una manera asertiva, no agresiva.

Después de que hayas tomado una decisión, querrás añadir una apelación emocional a tu enfoque asertivo para asegurarte de que estén de acuerdo con la solución que tú propusiste porque quieren, no porque se sientan coaccionados. Dar a conocer tu empatía es una gran manera de dejar claro que estás trabajando en algo que funcionará para los mejores intereses de todos, otra forma segura de asegurar que tu asertividad sea tomada de la manera correcta. Esto puede ser una tarea difícil a veces, pero si has estado practicando, entonces debes estar listo para el desafío.

Al reconocer y comprender las emociones, es posible manejar a las personas. Sin embargo, hay una línea muy fina entre la persuasión y la manipulación y tratar de alterar las emociones de otro camina esa línea. La idea del control mental es novedosa. ¡Si tan sólo pudiéramos ser tan persuasivos que la gente haga lo que queremos todo el tiempo! Seguro que suena genial, pero esto no es ético. Manipular a la gente para que se sienta culpable o apenada por ti no es lo que este capítulo pretende. En su lugar, el uso de la inteligencia emocional para ayudar a interactuar con la gente puede mejorar la calidad de tu vida y conseguir que avances profesionalmente.

El hecho de que puedas entender las emociones de otra persona te ayuda a tener una mejor relación con esa persona. Las relaciones románticas o amistosas son un gran ejemplo. Si puedes empatizar con los deseos de un amigo, eso puede hacerte un amigo más atento y significativo.

Por ejemplo, digamos que tu cónyuge ha tenido un día terrible en el trabajo. Lo sabes porque te llamó estando molesto(a) y listo(a) para renunciar. Tu notable habilidad para captar este enojo (es bastante obvio en este caso) te ayuda a decidir cómo actuar. Tienes una de dos opciones. Puedes sentir empatía con él/ella, cambiar tus planes y tratar de hacerle sentir mejor, o puedes ser egoísta y salir con tus amigos, dejando a tu cónyuge en casa para que lidie con su problema laboral solo(a).

Tener una buena conexión emocional y estar en el mismo plano que alguien es la clave para tener relaciones sanas y felices. Entender a las personas a un nivel más personal aumenta la confianza, que brilla en los buenos y en los malos momentos.

La inteligencia emocional también puede ayudarte a subir a la cima de la escalera corporativa. Entender cómo otra persona ve las cosas puede ayudarte a persuadirlos.

Déjalos compartir sus historias: Empatiza con las personas en situaciones difíciles pidiéndoles que compartan su historia o punto de vista sobre lo que está sucediendo. A veces, puedes lograr una perspectiva completamente nueva (que ni siquiera habías considerado), que te ayudará a entender mejor a la persona. Escúchalos con atención y sin prejuicios.

Trata de hacerte una idea de lo que deseaban y no lograron conseguir. Pregúntales si sin saberlo violaste sus deseos y expectativas. En lugar de pretender que no hay ningún problema o incluso peor, criticarlos o menospreciarlos por actuar con dificultad, trata de darles la oportunidad de hablar y compartir sus sentimientos. La compasión, la empatía, la consideración y la comprensión son señales obvias de inteligencia emocional bien desarrollada. Obviamente, si el comportamiento negativo se convierte en un patrón habitual, pueden necesitar ayuda especializada en la forma de identificar asuntos más profundos.

Date cuenta del comportamiento: Esto no se trata simplemente de escuchar lo que la gente está diciendo. Va más allá de sus palabras para captar señales verbales y no verbales como el tono de voz, el lenguaje corporal, los gestos y las expresiones. Aprenda a observar a la gente de cerca para captar las señales tácitas de cómo se sienten desde adentro.

Toma nota de sus acciones y hazte preguntas como: - ¿El volumen de su voz fluctúa constantemente? ¿Cómo están colocadas las manos? ¿Se sonrojan cuando hablan? ¿Están manteniendo contacto visual constantemente contigo o su mirada cambia con frecuencia? ¿Se están volviendo más agresivos y contundentes mientras hablan? Prestar atención a estos signos pequeños pero significativos te ofrecerá un montón de pistas sobre sus emociones. Esta conciencia le ayudará a tomar el control de la situación y manejarla más eficientemente antes de que se salga de control. Puede ser un poco difícil ser un participante activo y un observador en una conversación, pero viene con la práctica.

Toma más interés en lo que está pasando a tu alrededor: La forma en que te presentas cuando hablas con otros es tan importante como las cosas que dices o el tema de la conversación. Ser verdaderamente consciente socialmente significa tomarse tiempo para hacer un esfuerzo adicional y demostrarle a la otra persona que valoras su tiempo y la conversación que están teniendo. También debes pensar en tus interacciones más comunes y en cómo te ves ante los demás durante ellas. Si luego te tomas el tiempo para dejar de lado cualquier otra distracción común mientras hablas, considera si la atención activa mejoraría la situación. Si es así, tómate tiempo para hacer contacto visual adicional y realmente escuchar lo que la otra persona está diciendo. Pregúntate si actualmente te tomas suficiente tiempo para reunir la información que necesitas de otros cuando se trata de cómo se sienten los demás acerca de los temas que estás discutiendo.

Además de tener en cuenta todo lo anterior, haz hincapié en el uso de un lenguaje corporal abierto para que quede claro para la otra persona que estás interesado en lo que tiene que decir. Para que otras personas se sientan cómodas cuando hablas con ellos, es vital que te asegures de que su lenguaje corporal y su lenguaje hablado coincidan, ya que de lo contrario, la otra parte recibirá señales contradictorias que la dejarán sintiéndose incómoda con su conversación.

Comunicarse eficazmente significa tomar el tiempo extra que necesitas para asegurarte de que los mensajes que estás enviando, tanto activa como pasivamente, no sólo sean claros y concisos, sino que también sean recibidos adecuadamente por la otra parte antes de seguir adelante. Muchas personas sienten incorrectamente que comprobar que todo el mundo está en la misma página antes de seguir adelante en una conversación es una falta de respeto cuando en realidad demuestra que valoras el tiempo de la otra parte y no quieres perder el tiempo más tarde dando vueltas atrás.

Considera su respuesta emocional: Asumiendo que ya te has familiarizado con tus propias respuestas emocionales en este punto, debería ser un salto relativamente fácil para agregar a otras personas a tu marco de pensamiento. Entonces deberías ser capaz de extrapolar más los eventos, reacciones y respuestas específicas, ya que es probable que se produzcan, de modo que es menos probable que te sorprendas cuando te encuentres en una situación inesperada. Ser capaz de predecir con pre-

INTELIGENCIA EMOCIONAL Y TERAPIA CONDUCTISTA COGNITIVA

cisión las situaciones potenciales también te facilitará elegir una manera de responder que asegure que el resultado deseado sea más probable.

Para ayudar a resolver una situación, lo primero que debes intentar es pensar en la forma en que se difuminaría la emoción que se tiene a mano si la estuvieras tratando internamente. Tomarse el tiempo para tratar de ponerse en el lugar de la otra persona es una excelente manera de llegar al corazón de sus emociones, ya que diferentes personas responderán a la misma situación de diferentes maneras. En lugar de evitar estos fracasos, es vital entender que son una gran parte de mejorar tu conciencia social (y por lo tanto tu Inteligencia Emocional) ya que hay demasiadas variaciones emocionales posibles para aprenderlas todas simplemente estudiando.

Manejo eficaz de las relaciones: Cuando se trata de mejorar tus habilidades para manejar las relaciones hasta el punto en que puedas mantener tus propias emociones en control, mientras que al mismo tiempo manejas y diriges efectivamente las emociones de los demás, es importante entender que el proceso es un ejercicio de equilibrio. Para asegurarte de no inclinar demasiado las cosas en una dirección u otra, es importante que tengas un entendimiento preciso de cómo lo que dices va a afectar a la otra parte, qué es probable que digan y cómo es probable que te afecte a ti y a cualquier fuerza externa que pueda estar afectando a la situación también. Sólo teniendo una clara comprensión de todos los aspectos de la situación podrá generar de forma fiable una solución que funcione para todos.

Después de haber obtenido este tipo de visión clara de la situación, te resultará mucho más fácil encontrar la mejor manera de avanzar y, al mismo tiempo, mantener todas las piezas en juego. Si bien no va a ser un proceso instantáneo desde el principio, con la práctica será algo que ocurra en segundo plano sin tener que darle demasiada importancia.

Una vez que hayas determinado la mejor manera de seguir adelante dadas las limitaciones del momento, tendrás que considerar lo que puedes hacer para asegurarte de que la otra persona acepte la idea de que tu plan es la manera ideal de seguir adelante en la coyuntura actual. El mejor lugar para comenzar es explicando claramente el curso de acción deseado, así como por qué crees que es la mejor manera de avanzar de manera efectiva. También es importante dejar claro que te esfuerzas por ver las cosas desde todos los ángulos posibles con la esperanza de llegar a una solución mutuamente beneficiosa.

Al trabajar con este tipo de escenarios, es extremadamente importante que no cometas el error de tratar de hacer malabares con demasiados estados emocionales diferentes a la vez. Empieza con dos y luego trabaja a partir de ahí; si intentas hacer demasiados malabares desde el principio, nunca acabarás complaciendo a nadie. Independientemente de la situación en la que te encuentras o con cuánta gente estás tratando, tu objetivo final siempre debe permanecer tan empático como sea posible con todas las personas con las que estás en contacto, hasta el punto de que quede claro que siempre estás buscando hacer lo que es mejor para todas las personas involucradas.

Mientras que debes tratar claramente de dirigir las conversaciones hacia el resultado deseado, esto no debe ser un cheque en blanco para concentrarte sólo en ti mismo, ya que esto sólo conducirá a la creación de relaciones negativas a largo plazo. Si la idea de ayudar a la gente porque es lo correcto no es suficiente para disuadirte de este curso de acción, entonces considera los efectos a largo plazo de sólo cuidarte a ti mismo, el más relevante sería que la creación de relaciones negativas limita el número de opciones que tienes en el futuro hasta el punto en que no tendrás las herramientas para tener éxito.

Mantén un diario de actividad social

Otra actividad útil cuando se trata de conducir con éxito tus relaciones es llevar un diario de todas tus interacciones sociales. La meta aquí es doble: primero, serás capaz de registrar tu progreso, lo que hará más fácil mantener el impulso hacia adelante, incluso cuando estés en un espacio mental en el que no te sientas como si estuvieras progresando. En segundo lugar, te ayudará a llevar un registro de todo lo que fun-

INTELIGENCIA EMOCIONAL Y TERAPIA CONDUCTISTA COGNITIVA

ciona, y también de lo que no funciona, para que no tengas que cometer los mismos errores dos veces.

Pregúntate qué funcionó y qué no: Al final del día, debes hacer una lista de las interacciones sociales relevantes que tuviste durante el día. Puede que al principio no tengas demasiadas entradas a tu diario, lo que está bien, pero a medida que seas más extrovertido vas a querer asegurarte de que tu lista sea lo más detallada posible hasta el punto en el que ya no sientas que la necesitas. Después de que hayas hecho tu lista, sigue adelante y perfila las líneas generales de la conversación.

Aunque puede ser difícil recordar las interacciones negativas, es importante que sigas adelante y dejes claro exactamente qué funcionó en la conversación y qué no. Una vez que hayas hecho esto por un tiempo y tengas un tamaño de muestra lo suficientemente grande, será más fácil escoger patrones en tus conversaciones que de otra manera probablemente no habrías notado. Estar consciente de estos patrones te ayudará a dirigirte hacia ellos, o a alejarte de ellos, dependiendo de cuán efectivos terminaron siendo.

Considera tu estilo: Cada uno tiene un estilo de conversación con el que se siente más cómodo, basado en su personalidad. Esto es algo como sarcástico, amistoso, coqueto, dulce, los detalles no importan. Lo que importa es que entiendas cuáles son tus fortalezas en esta situación y juegues con ellas, especialmente cuando te encuentras en una situación difícil que de otra manera no terminaría de la manera que quieres.

Capítulo 8: Manéjate a Ti Mismo

Una vez que tienes una clara comprensión de ti mismo y de las formas en que puedes empezar a mejorar tu inteligencia emocional, el primer paso para ponerla en práctica activamente en el mundo real es aplicar lo que has aprendido en un contexto del mundo real. Mientras que puedes empezar fácilmente a tener toda la intención de poner en acción las cosas que has practicado, el estrés y las presiones del mundo real pueden hacer que el seguimiento sea más difícil de lo que esperas. Para asegurarte de que la aplicación de tu Inteligencia Emocional mejorada se convierta en un hábito, necesitas utilizarla cada vez que te encuentres con estrés emocional en cualquiera de sus formas. Estar enfadado es fácil, estar enfadado en la cantidad adecuada en relación con la situación en cuestión requiere mucho más trabajo, pero también es mucho más gratificante a largo plazo.

Manejar las emociones que se sienten en el momento con eficacia es poner a un lado cualquier mentalidad de víctima que puedas tener y hacer cumplir una mentalidad que te permita tomar el control total de tus emociones, así como la respuesta que se forma como resultado. Antes de que te hubieras tomado el tiempo necesario para clasificar y entender adecuadamente tus emociones junto con sus respuestas físicas relacionadas, se te podría perdonar por pensar que las cosas que hiciste en el calor del momento fueron el resultado de emociones abrumadoras, pero eso está todo en el pasado. Si eres lo suficientemente fuerte como para no ser tomado por sorpresa por tus emociones, entonces puedes dejar de lado esta mentalidad con seguridad.

Cambiar tu punto de vista general en términos de lo que piensas sobre tus emociones te preparará para tomar las riendas en el momento en que más importa. Tómate un momento, ahora mismo, para comprometerte contigo mismo que ya no serás esclavo de tus emociones.

Reestructuración cognitiva: Si alguna vez esperas manejar los pensamientos que son causados por tus emociones de manera efectiva,

INTELIGENCIA EMOCIONAL Y TERAPIA CONDUCTISTA COGNITIVA

necesitas ser capaz de manejar tus pensamientos también. Hacerlo significa ser capaz de interactuar con tus pensamientos negativos para que puedas descartarlos, sin tener que preocuparte por ceder ante ellos en el camino. Si te encuentras en un escenario en el que sientes que tus pensamientos negativos están entrando, intenta lo siguiente para determinar si son válidos o no.

Considera si el sentimiento que está surgiendo está relacionado con un pensamiento o idea que sea razonable o plausible. A menudo, especialmente en situaciones negativas, al cerebro humano le gusta extrapolar resultados potenciales basados en información irracional. Mientras que la respuesta negativa que podrías tener a la emoción rara vez es útil, usar la emoción como una marca para determinar si el pensamiento es válido puede ayudarte a cortar con los pensamientos y emociones negativas exageradas.

Si, después de una cuidadosa consideración, descubres que la situación en la que te encuentras justifica, de hecho, los sentimientos que estás teniendo, entonces lo siguiente que vas a querer hacer es encontrar un posible resquicio de esperanza, no importa lo engañoso que pueda llegar a ser. Con esto hecho, querrás enfocarte en ese lado positivo con toda la fuerza y convicción que puedas tener. Aunque pueda parecer una pequeña cosa, este simple cambio de perspectiva puede ser suficiente para modificar tus emociones, y por lo tanto, tus pensamientos lo suficiente en una dirección positiva como para marcar una diferencia real cuando se trata de ver resultados.

Si lo consideras más de cerca, también podrías terminar usando la situación negativa como un medio para mejorarte a ti mismo. Cuando surge una situación negativa, en lugar de dejar que la emoción negativa siga su curso, una alternativa más productiva es replantearla con el objetivo final de la reflexión personal o la mejora personal.

Si no puedes salirte de una mentalidad específica, el humor tonto puede ser capaz de llevarte allí. El humor tonto no consiste en reírse de todos tus problemas, sino que es un tipo de técnica de reestructuración cognitiva que puede ayudar a cortar tu enojo desde la raíz. Por ejemplo, si te encuentras enojado durante el tráfico de la hora pico, en lugar de referirte a los otros conductores con frases despectivas, busca una imagen tonta y refiérete a los otros conductores con esa imagen. Si puedes hacerte reír cada vez que lo dices, es probable que no sigas enojado por mucho tiempo.

Estar Consciente

La meditación es una habilidad de la que todo el mundo ha oído hablar, pero mucha gente realmente no la entiende. En Occidente, muchas personas a menudo piensan en la meditación como una práctica espiritual o mística, y si bien es cierto que la meditación tiene usos en varias prácticas religiosas en su forma más básica, es un simple ejercicio de pensamiento. La meditación de la atención plena (*mindfullness*) enseña al practicante a concentrarse y ocupar el espacio entre sus pensamientos en lugar de en esos pensamientos, entendiendo sus pensamientos y las emociones que hay detrás de ellos. Al llegar a reconocer estos momentos de paz puedes usar la meditación para volver a ellos. Es una gran herramienta aún más poderosa por el hecho de que se puede hacer en cualquier lugar en cualquier situación. Todo lo que se necesita es práctica.

Estudios han demostrado una y otra vez que los que practican la meditación son más capaces de controlar el estrés, y los estudios que se centran en los trastornos de ansiedad han demostrado una mejora positiva directa. Y empezar de joven asegurará que tu cerebro retenga más volumen a medida que envejece. Aquellos que practican regularmente el prestar atención también encontrarán que tienen un hipocampo más grueso y como resultado tienen un tiempo más fácil para aprender y retener más información. También notarán que la parte de la amígdala que controla el miedo, la ansiedad y el estrés es menos activa. En pocas palabras, la meditación tiene un efecto real y medible.

Más allá de los cambios físicos, se ha demostrado que la práctica regular de la atención plena disminuye los casos en que las mentes de

INTELIGENCIA EMOCIONAL Y TERAPIA CONDUCTISTA COGNITIVA

los participantes se quedan atascadas en patrones de pensamiento negativos, mientras que al mismo tiempo aumentan el enfoque. Esto no debe sorprender, dado que un estudio reciente de Johns Hopkins encontró que la práctica regular de la meditación de atención plena es igualmente efectiva para tratar la depresión, el TDA y la ansiedad. También mejora las habilidades de razonamiento verbal, como se muestra en un estudio que reveló que los estudiantes del GRE que practicaban la atención plena se desempeñaban hasta 16 puntos mejor que sus compañeros.

Sin embargo, para cosechar estos beneficios necesitas meditar regularmente, no sólo cuando te sientes ansioso. Piensa en ello como un músculo: cuanto más lo usas, más fuerte se vuelve. De hecho, con suficiente tiempo y práctica, es probable que encuentres que eres capaz de mantener un estado meditativo leve incluso cuando estás enfocado en el mundo que te rodea. Esto se conoce como un estado de consciencia (*mindfullness*) y debería ser la meta final de todos los que son nuevos en la práctica meditativa. Estar atento significa estar siempre conectado a un estado mental calmante y relajante, así como a uno que está lleno de alegría y paz que beneficia no sólo a uno mismo sino a todos los que lo rodean.

Práctica, práctica, práctica: Con el fin de practicar la meditación de la atención plena, lo primero que vas a querer hacer es escoger un tiempo en el que vas a poder practicarla regularmente y apegarte a él sin importar nada. Cuando se trata de crear un hábito como la meditación, es importante trabajar en la creación de una rutina lo más rápido posible. Toma 30 días para que un nuevo hábito se cimiente en tu vida y hacerlo consistentemente hará que los 30 días transcurran mucho más suavemente de lo que lo harían de otra manera.

Comienza por aquí: por unos minutos, toma asiento. No necesitas estar en una silla, ni necesitas sentarte con las piernas posicionadas de una manera específica. Simplemente siéntate con la espalda recta. Pon las manos en el regazo y cierra los ojos. Luego, respira lentamente.

Cuando lo hagas, centra toda tu atención en cómo se siente respirar. Fíjate realmente en los sentidos: el aire que entra y sale de las fosas nasales o de la boca; la expansión de los pulmones, lo frío o caliente que es el aire. Cuando se acaben estos pocos minutos, abre los ojos y examina cómo te sientes física y mentalmente. Prueba esto una vez al día, extendiendo el tiempo un poco cada día.

Con la práctica, podrás practicar el prestar atención de manera confiable prácticamente en cualquier lugar, pero por ahora, querrás toda la ayuda que puedas obtener. El objetivo final con la meditación de la atención plena es aquietar la mente como un medio para encontrar una calma interna, independientemente de lo que pueda estar pasando en el mundo exterior.

Es difícil para mucha gente alcanzar ese estado fácilmente, sin embargo, es por eso que mucha gente encuentra una gran manera de llegar a poner todo su esfuerzo en tomar toda la información que sus sentidos le están proporcionando a la vez. Tus sentidos siempre te están proporcionando un flujo constante de datos sensoriales que tu cerebro, por lo general, filtra. Con la meditación de atención plena, tomas la decisión consciente de dejar entrar toda esa información, comenzando por las respiraciones profundas.

Vas a querer empezar a respirar completamente, usando tu diafragma, hasta que tus pulmones estén completamente llenos. A medida que lo haces, siente que tus pulmones se expanden a medida que el aire entra en ellos, considera la temperatura del aire y los olores que trae consigo. A medida que exhalas, siente cómo se contraen los pulmones y la forma en que el aire fluye fuera del cuerpo.

Haz un esfuerzo de no juzgar lo que sientes: Cuando comienzas a practicar la meditación, es perfectamente natural que tu mente se inmiscuya en los pensamientos sobre tu entorno actual o que llene el vacío que estás tratando de lograr con un flujo constante de conciencia. Esto ocurre porque a lo largo de los años has entrenado tu cerebro para que se mueva constantemente de un pensamiento al siguiente en un apuro por llegar a una conclusión u otra.

Cuando encuentras estos pensamientos errantes que rompen tu sentido de calma mental, es importante no interactuar con ellos tanto como sea posible y en su lugar dejar que simplemente se vayan flotando sin interactuar con ellos. Si te pierdes, es importante que no juzgues lo que ha pasado y que te centres una vez más y continúes como antes. Aunque este paso es el más difícil para muchas personas, es importante mantenerlo hasta que se convierta en algo natural, ya que cualquier interacción con los pensamientos perdidos, incluso si es sólo para castigarte por desviarte del camino, es una manera fácil de dejar pasar aún más pensamientos, lo que hará más difícil encontrar el estado de ánimo que estás buscando.

Sigue así: Cuando comiences a practicar la meditación de atención plena, es importante que lo hagas con el nivel adecuado de expectativas con respecto a tus resultados. Específicamente, querrás tener en cuenta que es probable que tu mente deambule con frecuencia y que necesitarás perseverar a través de estos períodos si es que alguna vez vas a alcanzar el nivel de tranquilidad mental que estás buscando. Para entender el estado de ánimo final que quieres alcanzar, puedes considerar el período de vacío en el que la mente entra después de que se ha hecho una pregunta pero antes de que te llegue la respuesta.

Reflexiona: Después de haber adquirido el hábito de ver la verdadera naturaleza de una situación sin ningún tipo de sesgo cognitivo que se interponga en tu camino, entonces querrás escribir todos los detalles que hayas notado de la manera más fáctica y objetiva posible. Mantener tus descripciones sin emociones y sin hechos hará que sea más fácil mirar hacia atrás con claridad, independientemente de lo nublada que esté tu mente con la emoción en ese momento. Especialmente al principio, tomarse el tiempo para escribir tu lista hará más fácil que este paso se convierta en un hábito, ya que tendrás la acción física para conectarte con los pensamientos en lugar de perderlos.

La meta con esta práctica es llegar a estar tan verdaderamente invertido en las cosas que experimentas todos y cada uno de los días como sea posible. Esto, a su vez, hará más difícil que los pensamientos negativos se escabullan más allá de tus defensas y empiecen a alterar las acciones que tomarías en comparación con la forma en que actuarías si estuvieras completamente libre de su influencia. Esto no significa que no puedas parar y oler las rosas, sólo significa que debes tomar precauciones para asegurarte de que tu mente permanezca activa si sabes que cuando está en reposo es cuando empieza el problema.

Al hacer un seguimiento de las cosas que suceden a tu alrededor, es importante tener especial cuidado para evitar que juzgues las cosas que están sucediendo, especialmente cuando se trata de conceptos binarios arbitrarios como injusto y justo o bueno y malo. Más bien, te parecerá que el proceso es más efectivo si todo lo que escribes es verdaderamente imparcial, ya que te dará una visión más útil del mundo en general, una que no está influenciada de ninguna manera por sentimientos y emociones cuando no es apropiado.

Practica la atención plena en todo momento: Una vez que te acostumbres a los fundamentos de la meditación, te darás cuenta de que no hay prácticamente nada que no puedas hacer que no se preste a ser atento. Las siguientes son algunas de las maneras más fáciles de adquirir el hábito de practicar la meditación de prestar atención en casa, pero también puedes hacerlo en el trabajo, en el transporte público o incluso mientras conduces. Con un poco más de práctica, la gran variedad de veces que puedes entrar fácilmente en un estado de atención seguro que te sorprenderá.

Si bien puede parecer sorprendente, si lo haces de la manera correcta, pasar tiempo en Facebook o Instagram puede ser una experiencia muy consciente. Si bien es fácil distraerte de tu objetivo al interactuar con las redes sociales, con la práctica te darás cuenta de que el tiempo que pasas haciendo esto puede dejar que te sientas muy centrado y listo para enfrentar el próximo reto que te espera.

INTELIGENCIA EMOCIONAL Y TERAPIA CONDUCTISTA COGNITIVA

Para que este tipo de atención plena sea efectivo, lo primero que vas a querer hacer es limitar las distracciones potenciales tanto como puedas. Esto es crucial debido al hecho de que la mayoría de las personas interactúan con las redes sociales mientras que hacen otras tareas, lo que hará de la práctica de la atención plena algo mucho más difícil. Una vez que hayas despejado las distracciones, entonces querrás despejar toda tu mente y concentrarte en el momento tanto como sea posible. Después de que hayas encontrado el modo de pensar correcto, querrás volver a revisar las fotos antiguas de las actividades de las que formaste parte y tratar de revivir esos eventos lo mejor posible.

Con cada foto que veas, haz lo mejor que puedas para intentar recordar todo lo que estabas haciendo en ese momento. Piensa en cómo te sentiste y deja que la experiencia te bañe. Lánzate de nuevo al momento con todas tus fuerzas y recuerda las diversas señales con las que tu mente te estaba bombardeando en ese momento.

Capítulo 9: Inteligencia emocional en el trabajo

Además de los muchos beneficios personales que la inteligencia emocional puede ofrecer, también puede aportar una variedad de beneficios al lugar de trabajo y a sus partes interesadas en todos los niveles y en todas las funciones. Para empezar, hace que sea mucho más fácil para los líderes motivar a sus empleados, ya que son mucho más propensos a ser capaces de medir con precisión sus verdaderas motivaciones. También ayudará a mejorar el proceso de colaboración de los equipos de todos los tamaños, evitando al mismo tiempo los problemas potenciales que surgen cuando el pensamiento de grupo toma el relevo. En general, también hará mucho más fácil a los líderes determinar y actuar sobre las oportunidades potenciales que de otro modo podrían haber perdido.

La Inteligencia Emocional en el lugar de trabajo también es extremadamente útil cuando se trata de la resolución de conflictos, ya que facilita que todas las partes involucradas lleguen a conclusiones que seguramente funcionarán para todos. Aún mejor, los estudios muestran que tiende a producir niveles generales más altos de moral entre los empleados, lo que les ayuda aún más a trabajar de la manera más eficaz posible.

Inteligencia Emocional y contratación: Aunque incluso las habilidades más técnicas pueden ser enseñadas de manera confiable, es mucho más difícil enseñar a un nuevo empleado cómo mejorar su Inteligencia Emocional si no está familiarizado con el proceso. Por lo tanto, las empresas considerarán mucho más útil integrar las revisiones de Inteligencia Emocional desde el principio en lugar de tratar de construirla desde cero en un momento posterior. Por ejemplo, las pruebas de Inteligencia Emocional en una posición de nivel de entrada y luego de nuevo como un prerrequisito para el avance es mucho más fácil que tratar de forzar a alguien a una posición y luego esperar que su

INTELIGENCIA EMOCIONAL Y TERAPIA CONDUCTISTA COGNITIVA

Inteligencia Emocional pueda mantener el ritmo después del hecho. Aunque ciertamente requerirá más trabajo al principio, al final, las partes interesadas que tienen un nivel de Inteligencia Emocional general más alto tendrán más probabilidades de tener un verdadero potencial de liderazgo, lo que las convierte en la mejor opción cada vez.

Aunque no hay ningún papel en una compañía que no se beneficie de alguien con un alto nivel de Inteligencia Emocional en alguna capacidad, esto no significa que todos ellos necesiten grandes cantidades de Inteligencia Emocional para tener éxito desde el principio. En términos generales, cuanto más arriba en la escala corporativa se encuentre un nuevo empleado, más útiles serán si su Inteligencia Emocional ya está bien desarrollada. Más allá de esta regla general, es mucho más probable que las personas que trabajan en RR.PP. o RR.HH. se beneficien de la Inteligencia Emocional, independientemente de la experiencia requerida para el puesto. Esta es la razón por la cual la investigación de estos individuos para su Inteligencia Emocional actual puede finalmente maximizar sus contribuciones como nuevos empleados.

Inteligencia Emocional a escala mundial: En términos generales, la economía global se define por su extrema interconectividad a través de una amplia variedad de tipos de comunicación, colaboración y negociación, razón por la cual no debe sorprender que la Inteligencia Emocional también esté creciendo en importancia a escala global. Aunque siempre habrá un papel para el CI tradicional en las posiciones técnicas, incluso éstas requieren una cantidad cada vez mayor de contacto a mayor escala, lo que significa que aquí también la Inteligencia Emocional está creciendo en importancia.

Inteligencia Emocional y formación de equipos: Cuando se trata de formar un equipo exitoso, es importante entender qué papel juega la Inteligencia Emocional en la creación de equipos que realmente trabajen bien juntos. Esto puede ser explicado más fácilmente considerando a un estudiante de arte competente. Si se le dijera a este estudiante que pintara una copia de uno de los grandes maestros, una persona promedio no podría notar la diferencia. Nunca se convertirán en el próximo van Gogh sin entender la teoría que hay detrás de la obra y el alma que la compone.

Mientras que crear un equipo verdaderamente exitoso requerirá algo más que imitar los procesos requeridos que han funcionado para otros, te darás cuenta de que si te concentras en encontrar a aquellos con un alto nivel de Inteligencia Emocional, puedes asegurarte de permitir un escenario en el que el equipo se desarrollará exitosamente por su cuenta. Las condiciones necesarias para que este tipo de escenario se materialice incluyen el fomento de la identidad del grupo, el fomento de la confianza y la promoción de la eficacia del grupo. Cuando se trata de crear estas condiciones en un nuevo equipo, considera lo siguiente:

- Tener un líder es importante. En primer lugar, es importante designar un líder que tenga un alto nivel de Inteligencia Emocional, ya que esto ayudará al grupo a alcanzar su máximo potencial. Hacerlo también hará posible que el grupo pierda menos tiempo, ya que no tendrán que resolver por sí mismos quién va a estar a cargo. Si vas a ser el líder en este escenario, entonces tendrás que repasar tus habilidades de resolución de conflictos para que puedas manejar los argumentos de manera confiable sin arriesgar la estructura del equipo como un todo.

Más allá de eso, tendrás que asegurarte de que te acostumbres a responder a todas las personas con las que trabajas de una manera educada y respetuosa, independientemente del escenario en el que te encuentres en ese momento. Una gran parte de esto también va a ser escuchar más de lo que hablas, lo cual es un hábito que muy pocos líderes cultivan. Un buen líder es alguien que no sólo pide retroalimentación, sino que la toma en serio cuando la recibe. De la misma manera, es importante que evites poner excusas a tus errores y que los admitas, pase lo que pase. También es importante asegurarte de desarrollar una reputación como alguien que está dispuesto a colaborar y echar una mano según sea necesario.

- Sé consciente de las fortalezas y debilidades que tu equipo posee. Si vas a ser un líder de equipo efectivo, entonces es importante asegurarte de que tu equipo se sienta como si fuera algo más para ti que simples engranajes en la máquina de la compañía, lo cual comienza asegurándote de que sabes más sobre ellos que su función y título de trabajo. Si bien es posible que te resulte difícil mantener este nivel de atención y al mismo tiempo cumplir con un plazo de entrega muy ajustado, nunca olvides que tus empleados son individuos únicos que merecen ser tratados como tales. Además, es probable que todos ellos tengan talentos menos conocidos u ocultos, lo que significa que la única manera de obtener el máximo rendimiento de los que trabajan para ti es si llegas a conocerlos lo suficientemente bien como para poner estas habilidades en primer plano.
- Cuando se trata de que conozcas a tu equipo lo mejor posible, es importante que hagas el esfuerzo adicional de hacerlo fuera del trabajo para que puedas ver realmente todo lo que tienen que ofrecer. Esto también significará que necesitas mirar más allá de cualquier primera impresión que puedas tener de los miembros individuales del equipo y poner tu Inteligencia Emocional en pleno uso para determinar quiénes son realmente en el interior. Sin embargo, como regla general, tendrás que dejar claro que recompensas la innovación con reconocimiento para asegurarte de que veas los mejores resultados posibles. También querrás dejar claro que los errores están bien siempre y cuando no se cometan debido a

- la falta de atención, y cuando se pueda aprender algo del error.
- Es importante que el equipo se mantenga apasionado por su proyecto actual con el fin de mantener las cosas funcionando tan bien como sea posible. Para asegurar que esto sea posible, es importante contratar o reunir a miembros del equipo que tengan la misma mentalidad cuando se trata de cosas como la cultura corporativa y el trabajo que están haciendo actualmente.

Sin embargo, no importa cuán sincronizado y enfocado pueda estar un equipo, es natural que de vez en cuando pierdan el enfoque. Para ayudar a mantener la energía del equipo, es importante que la Inteligencia Emocional se utilice para determinar qué miembros del equipo necesitan un estímulo adicional y, en consecuencia, pedirles que trabajen duro. También te puede resultar útil utilizar tu Inteligencia Emocional para crear un ambiente de trabajo alternativo y efectivo que ayude a involucrar a tu equipo de manera más efectiva. También es importante hacer lo que se pueda para asegurar que la importancia de la tarea que se tiene por delante sea clara para todos desde el principio, lo que ayudará a asegurar que todos permanezcan unidos en su deseo de éxito.

- Los mejores equipos son también los que tienen una clara cultura de equipo. Para poder manejar exitosamente el uso de la Inteligencia Emocional, es importante entender que incluso los actos más pequeños pueden hacer una gran diferencia. Esto es diferente a crear un escenario en el que las horas extras se consideran obligatorias o cada idea de que cualquier miembro del equipo ha requerido una consideración elaborada y aceptar a todos los demás para poder seguir adelante. Del mismo modo, no significa crear un

INTELIGENCIA EMOCIONAL Y TERAPIA CONDUCTISTA COGNITIVA   65

lugar de trabajo donde todos estén completamente en armonía en todo momento porque ese tipo de lugar de trabajo, francamente, no existe.

En su lugar, es importante esforzarse y crear un lugar de trabajo donde todo el mundo activamente busca trabajar juntos de manera armoniosa, mientras que al mismo tiempo entender que una barra tan alta muy rara vez se mantendrá durante mucho tiempo. Es importante ofrecer a los miembros del equipo una forma saludable de liberar sus tensiones, ya que esto asegurará que todos puedan continuar tratándose con respeto. Mientras que el líder tendrá que crear nuevas reglas de vez en cuando, es importante sólo recurrir a este curso de acción cuando sepa que se conectan a los valores básicos que el equipo ya ha aprobado.

Las directrices creadas de esta manera son más propensas a ser apoyadas por el equipo, mientras que también refuerza los objetivos de la empresa. El resultado final es entonces que todo el mundo está seguro de sentirse más cómodo haciendo lo que pueda para mantener estas reglas cuando sea apropiado.

- También es el trabajo del líder ayudar a los miembros del equipo a superar con éxito el estrés que viene como parte del trabajo también. Demasiado estrés significa que incluso el mejor empleado puede terminar sintiéndose agobiado, lo que en última instancia puede conducir a graves problemas de salud si no se trata adecuadamente. Por lo tanto, es muy importante tratar los peligros del estrés seriamente para que pueda tratar con ellos antes de que se conviertan en algo serio. Para asegurar que el nivel de estrés del equipo permanezca donde debería estar, hay algunas cosas fáciles que puedes hacer. Para empezar, el equipo tendrá que tener un calendario detallado que debe seguirse en cada paso del proceso. Si bien tomar más tiempo para hacer un trabajo correctamente está bien, sobre extender un plazo determinado es una logística resbaladiza que puede hacer que sea difícil para el equipo para terminar un proyecto más grande a tiempo y debe ser considerada sólo una medida de emergencia. Crear el programa con anticipación también hará posible dar al equipo todas las oportunidades que necesita para mantenerse lo más fresco posible para que puedan seguir trabajando en la máxima eficiencia de forma indefinida.

También es importante desalentar la multitarea ya que, para muchos trabajos, en realidad termina haciendo que tarden más tiempo y generando resultados inferiores a los que se obtienen simplemente trabajando en las dos tareas seguidas. Por lo tanto, es más eficaz proporcionar a tu equipo los plazos que necesitan para trabajar en sus proyectos uno a la vez en el largo plazo.

- También deberás tener en cuenta que es poco probable que tu equipo se lleve bien en todo momento, independientemente de sus mejores esfuerzos. Afortunadamente, también te darás cuenta de que tomarse el tiempo para afrontar estas cuestiones de frente hará posible no sólo abordarlas de una manera que asegure que están bien resueltas, sino que también asegurará que se traten lo más rápidamente posible. Cuando estos temas se tratan de manera efectiva por adelantado, se reduce naturalmente el estrés del equipo en su conjunto y les permite centrarse en completar su proyecto actual a lo mejor de sus capacidades.
- Finalmente, es importante que pongas en práctica tu

INTELIGENCIA EMOCIONAL Y TERAPIA CONDUCTISTA COGNITIVA

Inteligencia Emocional para entender las verdaderas motivaciones de tu equipo y así poder hacer tu parte para asegurarte de que todos se dedican a la idea de trabajar lo más duro posible. También puedes utilizar tu Inteligencia Emocional para ayudarles a superar cualquier reto inesperado que puedan estar enfrentando actualmente. Recuerda, como líder, es tu trabajo mantener a todos y cada uno de los miembros de tu equipo sintiéndose como si su voz fuera escuchada. Esto significa que necesitarás usar tu Inteligencia Emocional para ayudarles a desarrollar mejores habilidades de comunicación, permitiéndoles trabajar en sus habilidades de audición activa y mejorar su dominio del lenguaje corporal o simplemente dándoles la oportunidad de desahogarse cuando sea necesario.

Capítulo 10: Mejora tus Habilidades de Liderazgo

Si eres un gerente o uno de los líderes en una empresa, te darás cuenta que la inteligencia emocional puede servirte bien. Puedes usar esta habilidad para evaluar lo que tu empleado necesita sin que ellos sufran o se enojen porque se sienten ignorados. Eres capaz de utilizar esta inteligencia con el fin de entender el impacto de las decisiones en tu personal y puedes impulsar las expectativas, tanto la tuya y la de ellos, de manera más eficaz, tomar medidas para que la fricción se mantenga al mínimo, e incluso responder a las preguntas cuando surgen. Los gerentes que son emocionalmente inteligentes son los que escuchan a sus empleados sin sentirse atacados o toman las cosas demasiado personales.

A veces, tendrás que lidiar con un conflicto en el lugar de trabajo. Aquellos que tienen inteligencia emocional han trabajado en aumentar su autocontrol y esto puede ser muy útil cuando se trata de evitar conflictos en el lugar de trabajo. Serás capaz de abordar el conflicto y evaluar tus propios sentimientos antes de reaccionar para llegar a un resultado que hace a todos felices.

Al mirar el nivel de la inteligencia emocional en tu lugar de trabajo, comienza por considerar estos tres patrones importantes:

El equipo maneja los pequeños problemas internamente sin involucrar al jefe

Los asuntos pequeños son aquellos que tienden a ser de naturaleza personal y no involucran la tarea en cuestión de una manera significativa. Idealmente, estos asuntos deben ser manejados entre los individuos en donde surgen y nunca escalarán hasta la gerencia. Si tu Departamento de Recursos Humanos o un jefe de equipo son requeridos regularmente para asegurarse de que los miembros del equipo dejen de discutir y vuelvan al trabajo, la inteligencia emocional en tu lugar de trabajo está decayendo.

Entender la línea entre los pequeños problemas y los grandes problemas puede ser difícil, por lo que ayuda a buscar patrones. Si los miembros del equipo están constantemente encontrando cosas nuevas sobre las que discutir, incluso si no llegan a la gerencia, entonces hay un asunto más profundo en juego en alguna parte de la organización. Si estás teniendo dificultad para determinar la raíz del problema, pregunta a tu alrededor, los patrones deben emerger con respecto a los temas centrales si miras lo suficientemente bien.

Los miembros del equipo están facultados para tomar decisiones

Una buena señal de inteligencia emocional en el lugar de trabajo son los miembros del equipo con la agencia para elegir el curso de acción correcto para una situación dada y ponerla en práctica sin necesitar varias capas de aprobación de antemano. Los miembros del equipo en este escenario sentirán que son de confianza y trabajarán más duro como resultado y los líderes tendrán más tiempo para asegurar que todo está funcionando sin problemas sin tener que micro gestionar las decisiones que se están haciendo constantemente.

Este es un patrón fácil de identificar, todo lo que necesitas hacer es trazar unas cuantas decisiones que se han hecho en el lugar de trabajo recientemente y mirar la cadena de aprobación para cada una. No debería tomar mucho tiempo para determinar un patrón y trabajar para implementar los cambios según sea necesario.

Determina tu estilo de liderazgo personal

Líder coercitivo: Este tipo de líder tiende a adoptar una postura agresiva lo que significa que también necesita tener un alto nivel de inteligencia si quiere que su equipo trabaje bien en lugar de planear un motín. Con mayor frecuencia dictan directivas y ordenan a los miembros del equipo, esperando que todos se alineen automáticamente. Si bien no es eficaz en las situaciones más comunes, este estilo es muy eficaz para los equipos que trabajan con proyectos peligrosos o sensibles al tiempo donde un estilo de liderazgo más inclusivo simplemente no sería factible. Para que este tipo de estilo de liderazgo funcione a largo plazo, el líder necesita ver mejores resultados que el promedio cada vez. Los equipos que se desarrollan en torno a este tipo de líderes son a menudo muy unidos y pasan tiempo juntos mejorando su cohesión tanto en el trabajo como fuera de él.

Líder autoritario: Este tipo de líder por lo general llegó a donde está hoy en día ya que tiene una visión o meta específica en mente que otras personas, naturalmente, se quedan detrás. Este tipo de estilo de liderazgo tiende a brillar cuando el equipo está actualmente en una encrucijada en cuanto a la mejor manera de avanzar de manera efectiva. Los líderes con autoridad tienden a usar su Inteligencia Emocional cuando se trata de elaborar su declaración de visión para que puedan tener a la mayor cantidad de gente posible a bordo por el bien mayor. También será útil cuando se trate de hacer que todo el mundo vea el panorama general para garantizar que las cosas sigan funcionando sin problemas, incluso cuando no son ellos los que tienen que supervisar directamente los detalles.

Líder de afiliación: Este tipo de líder típicamente sobresale en la creación de un equipo que trabaja con poca o ninguna participación externa. Tienden a hacer un hábito de siempre poner al equipo primero, sin importar qué más pudiera estar teniendo lugar y son rápidos para repartir elogios y retroalimentación positiva en igual medida. Si el equipo existía antes de que se incorporara el nuevo líder, y apenas se mantenían unidos, entonces este es un estilo de liderazgo efectivo para volver a encarrilar las cosas y, al mismo tiempo, casi garantizar un aumento del rendimiento. Sin embargo, este estilo tiende a fallar a largo plazo, ya que tiende a dejar sin tratar los problemas de rendimiento negativos menores, siempre y cuando se aborden los grandes problemas que, en última instancia, pueden dar lugar a la formación de nuevos problemas a largo plazo.

INTELIGENCIA EMOCIONAL Y TERAPIA CONDUCTISTA COGNITIVA

Líder democrático: Este tipo de líder es uno que tiende a compartir todas las decisiones principales que tiene que hacer el equipo para discutirlas. Por lo tanto, es vital que la inteligencia emocional de este líder sea acertada para asegurarse de que pueda convencer al equipo de que su curso de acción es el que se seguirá en última instancia. Este estilo de liderazgo requiere un líder muy fuerte que sea capaz de hacer frente a la presión que este tipo de entorno crea. Cuando se hace correctamente, sin embargo, puede aumentar dramáticamente la moral, ya que los miembros del equipo se sienten como que realmente están contribuyendo a la cultura del equipo. Puede conducir al conflicto si el líder no está en control del grupo, por lo que es mejor utilizarlo con precaución.

Tres pasos para mejorar tus habilidades de comunicación como líder

Cuida tu lenguaje corporal: Los seres humanos son criaturas sociales por naturaleza, lo que significa que todo lo que hacemos es para asegurarnos de agradar a los demás. Teniendo esto en mente, se vuelve mucho más fácil influenciar a otros usando el lenguaje corporal para apelar a su necesidad de aceptación.

El asentir con la cabeza es una reacción extraña en cuanto a que está ligado a sentimientos de estar de acuerdo, tanto cuando los sentimientos ocurren primero antes de que la acción tenga lugar, como también cuando ocurren en segundo lugar. Además, cuando uno asiente viendo a alguien, tendrán el impulso inconsciente de asentir de vuelta. En conjunto, esto significa que si le pides a alguien que haga algo mientras esté asintiendo con la cabeza, es más probable que la otra persona comience a asentir inmediatamente y luego subconscientemente relacione esta acción a un sentimiento de aprobación.

Estar de pie mientras se habla proporciona físicamente una mayor perspectiva sobre la situación que cualquiera que esté sentado y subconscientemente lo relacionará con un mayor grado de poder. El poder equivale a influencia, lo que significa que es más probable que seas persuasivo sobre los demás mientras estás por encima de ellos. Por encima no significa directamente arriba de los demás, ya que violar el espacio personal de alguien es una buena manera de conseguir que esa persona rechace el argumento que estás tratando de dar.

El tacto es el más comunal de todos los sentidos y la creación de un vínculo físico con otra persona es una gran manera de asegurarse de que son más propensos a tratarlo como un igual. Los estudios muestran que con tan sólo 3 segundos de contacto físico es probable que haga que la otra parte sea más receptiva a una interacción dada, lo que significa que debe tener el hábito de darse la mano con cada persona que se encuentre, por si acaso.

En la mayoría de las situaciones, te parecerá que la otra parte va a ser más receptiva a lo que sea que tú estás diciendo si bajas la voz en vez de levantarla. Además, querrás realizar el siguiente ejercicio antes de tener cualquier interacción personal intensa. Simplemente tome 30 segundos y repita la frase "ujum" en voz alta sin abrir la boca.

Este ejercicio va a estirar las cuerdas vocales y asegurará que suene lo mejor posible una vez que hable. Luego de este ejercicio hable con una voz clara, pero ligeramente baja, para asegurarse de que la otra parte esté escuchando activamente todo lo que tiene que decir. Este nivel de atención asegurará que controles la conversación en cuestión y hará que sea más probable que la otra parte esté de acuerdo contigo una vez que haya terminado de hablar.

Por último, asegúrate de tener una postura abierta, ya que la postura corporal cerrada automáticamente le dice a los demás que estás tenso, nervioso y poco dispuesto a llegar a un acuerdo mutuamente beneficioso. Esto no es una ciencia secreta tampoco, estas son señales comunes del lenguaje corporal que todo el mundo sabe hasta cierto punto, incluso si esto es subconsciente.

Lo que es peor, una vez que sean conscientes de eso, la mayoría de los miembros del equipo comenzarán a imitarlo, y sus comportamientos relacionados también. La postura cerrada del cuerpo les da la señal

INTELIGENCIA EMOCIONAL Y TERAPIA CONDUCTISTA COGNITIVA

de que hay algo de qué preocuparse y hay algo malo, lo cual los hará más resistente a la persuasión. La solución, por suerte, es bastante simple. Si te preocupa que puedas estar mostrando una postura defensiva del cuerpo, todo lo que necesitas hacer es sentarte derecho para que tu columna vertebral esté alineada, y tus hombros estén derechos. Al mismo tiempo, querrás respirar profundamente y colocar sus manos en las piernas, con las palmas hacia arriba. Aunque esta no es una posición natural, es una parte importante del conjunto.

La apertura de tu postura de esta manera también servirá para mejorar tu estado mental mediante la disminución de la cantidad de hormonas cortisol que tu cuerpo produce. El cortisol es responsable de los niveles de estrés, por lo que en este caso actuar y parecer estar tranquilo y en control te hará sentir de esta manera, relajando igualmente a los miembros de tu equipo en el proceso.

Mantén enfocado tu diálogo: Recuerda las siete C. Sé Claro en cuál es su meta para la conversación. Sé Conciso, todo el mundo en tu equipo tiene una larga lista de tareas, mantener las cosas concisas hará que tu equipo te adore. Sé Concreto, tu equipo sólo se beneficiará de objetivos claros basados en datos, asegúrate de no desviarte del mensaje y básate en los hechos. Sé Correcto, tómate el tiempo para comprobar dos veces los hechos, lo que llevará a tu equipo a confiar en ti para no cometer errores a largo plazo.

Sé Coherente, antes de discutir temas importantes con tu equipo tómate el tiempo para pensarlo en tu cabeza para asegurarte de que todo tiene sentido, tu equipo lo apreciará. Sé Completo, antes de discutir los pasos del proyecto o las nuevas políticas, asegúrate de que tienes toda la información que necesitas, adherirse a este objetivo aumentará la productividad. Sé Cortés, no debería existir la necesidad de decirlo pero tómate el tiempo de ser cortés y amable con el equipo, sólo producirá resultados positivos.

Escucha, escucha de verdad: Muchas personas tienen la costumbre, especialmente en el trabajo, de tomarse el tiempo en que sus compañeros de trabajo hablan para simplemente pensar sobre lo que van a responder. Como líder, no existe ese lujo. Debes escuchar a tu equipo cuando ellos acuden a ti con preocupaciones sobre el proyecto actual o ideas sobre cómo hacerlo mejor.

Además, a medida que ganes una reputación de escuchar a tu equipo, ellos vendrán a ti con más y más información, dándote la oportunidad de escucharlos más, asegurándote así de que el ciclo se repita. Nadie se hace líder a partir del vacío y ninguna persona puede dar cuenta de todas las posibilidades en un solo proyecto. Tómate el tiempo para escuchar lo que tu equipo tiene para decir y asegúrate de cubrir todos los ángulos.

Si el objetivo de la acción actual es llegar a una decisión mutua, entonces un buen primer paso es salir de tu camino para dejar claro que estás escuchando lo que la otra persona está diciendo. La otra parte es mucho más propensa a participar activamente en la búsqueda de una solución conjunta si siente como si sus contribuciones están siendo escuchadas y tomadas en serio. Mantén el contacto visual mientras están hablando, a la vez que te acercas para indicar que deseas escuchar cada palabra, también tendrás que dar señales no verbales que indiquen comodidad.

Capítulo 11: Errores a Evitar

Usar demasiadas etiquetas: Antes de familiarizarte demasiado con tus tendencias emocionales, puede ser muy tentador esconderse detrás de los tipos de etiquetas que hacen que sea fácil evitar trabajar en tus debilidades. Cosas como: gruñón, testarudo, impaciente, etc., son poco más que el equivalente mental de decirle a un niño que es de huesos grandes. Mientras que es posible ahorrarles dolores de cabeza a corto plazo, a largo plazo se les está haciendo mucho más daño que bien.

Esta es la razón por la cual es tan importante evitar estas etiquetas durante la fase de auto-evaluación, ya que si no lo haces puedes fomentar accidentalmente hábitos negativos, simplemente porque te sientes como si fueran un rasgo de personalidad en lugar de una mentalidad negativa que necesita purificación. Si no estás seguro de si una peculiaridad específica es un rasgo de carácter o una mentalidad negativa, simplemente prueba con otra persona y luego pregúntate a ti mismo lo que pensarías de una persona así.

No elegir a tus amigos con sabiduría: Cuando se trata de mejorar tu mentalidad de una vez por todas, te sorprenderás de lo mucho que afectan tu mentalidad las personas cercanas, positiva o negativamente. En la práctica, lo que esto significa es que si consideras que tu Inteligencia Emocional no está progresando tan rápido como te gustaría, entonces puedes echar un vistazo alrededor y ver si puedes encontrar la razón en tus narices.

Centrarte en lo que no puedes cambiar: Si te encuentras desperdiciando valioso tiempo repitiendo cosas que salieron mal en el pasado debido a la forma en la que las emociones te controlan, entonces todo lo que estás haciendo realmente es dejar que esas mismas emociones te continúen afectando sin control. Repetir tales cosas una y otra vez sólo le proporcionará a tu mente un montón de excusas adicionales para tratar de hacer algo mejor la próxima vez que se presente una situación similar. En lugar de dejar que este patrón continúe sin cesar, esta es una gran oportunidad para practicar el control de tus emociones tan eficazmente como sea posible en lugar de permitir que te controlen una vez más.

Si encuentras que tratar con este tipo de patrón es particularmente difícil, en lugar de centrarte en la situación de la forma en que lo recuerdas, trata de mirar las cosas con un ojo más clínico. Hacerlo a menudo revelará las debilidades que se pasaron por alto anteriormente, o mostrará potencialmente un camino hacia el éxito que puede ser utilizado la próxima vez que termines en algo similar. Es crucial que permanezcas vigilante en estas situaciones así como con las creencias duraderas que pueden entrar en conflicto, para asegurarte de que las cosas sean revisadas según sea necesario. Sólo mediante un estrecho seguimiento de ti mismo para mantener una perspectiva positiva serás capaz de sacar el máximo provecho de todo el trabajo duro que has hecho para llegar a este punto.

Centrarte demasiado en ganar una conversación: Aunque a todo el mundo le gusta tener razón, el hecho es que el 95 por ciento de todas las conversaciones no van a tener ganadores ni perdedores claros. No sólo eso, sino que pensar en cosas de esta manera binaria sólo hará que sea más difícil construir su Inteligencia Emocional hasta el punto de que sea difícil experimentar empatía por los demás. Si pasas demasiado tiempo pensando en términos de ganadores y perdedores, corres el riesgo de llevar desacuerdos leves demasiado lejos con la esperanza de salir victorioso en algo que no tiene demasiada importancia.

Independientemente de cómo te sientas en el momento, esto es realmente sólo una señal clara de que tus emociones están corriendo desenfrenadamente, porque si estuvieras manejando correctamente la relación en cuestión entonces estarías trabajando hacia un resultado que funcione para ambas partes, sin importar quién hizo qué para alcanzar el estancamiento actual. Recuerda elegir tus batallas y evitar crear líneas que no existen.

INTELIGENCIA EMOCIONAL Y TERAPIA CONDUCTISTA COGNITIVA

Comportamiento agresivo confuso y comportamiento asertivo: Uno de los secretos de ser inteligentes emocionalmente es aprender a ser más asertivos sin ser agresivos. La gente asertiva sabe cómo no complacer a la gente todo el tiempo sin ofenderla. La asertividad es una declaración razonable y genuina de opiniones y sentimientos. "Realmente preferiría ir a al partido este fin de semana." Esta es una afirmación asertiva.

Estás diciendo claramente tus necesidades sin ser agresivo o exigente. La agresividad se caracteriza por una clara falta de respeto por las necesidades y los derechos de los demás. Cuando eres agresivo, estás mirando las cosas sólo desde una perspectiva egoísta o buscando satisfacer una meta personal. La versión agresiva del comentario anterior sería: "vamos al partido este fin de semana."

Está pronunciando el comentario más como un hecho sin respeto o preocupación por la otra persona.

Por otro lado, la asertividad se caracteriza por el respeto y la comprensión de los sentimientos u opinión de la otra persona, aunque no estés de acuerdo con ella. Mientras que el agresivo dice: "sólo yo tengo razón", el asertivo dice: "Aunque tenemos opiniones diferentes, la respeto. Podemos estar de acuerdo en no estar de acuerdo."

Las personas asertivas no dejan que otros se aprovechen de ellos y saben dónde trazar la línea sin ser agresivos. Saben cuándo decirle "no" a la gente sin herir sus sentimientos. Cuando muestras respeto hacia una persona o un grupo de personas, el daño se reduce. Ser asertivo es dejar tu postura clara mientras muestras respeto.

Sin embargo, cuando muestras una falta de respeto o preocupación por los sentimientos, opiniones o deseos de las demás personas, estás rayando en la agresión. Las personas asertivas no temen defender sus valores. No se rehúsan expresar sus necesidades y metas frente a otros. Las personas asertivas tratan a los demás como iguales y trabajan desde el punto de respeto mutuo. No tienen la intención de lastimar a la gente ni a sí mismos. Estas son las personas que siempre están buscando una situación ganar-ganar.

Especialmente cuando estás trabajando activamente para construir tu inteligencia emocional por primera vez, habituarse a no hablar por ti mismo refuerza los hábitos negativos, incluyendo el temor de lo que los demás piensan cuando hablas por ti mismo, y el modificar tu comportamiento para satisfacer las necesidades de los demás. Independientemente de cómo se manifiesta, o que tan grande o pequeña sea, es importante nunca pasar desapercibido y dejar que los demás sepan que eres un ser humano importante que merece ser escuchado.

Antes de avanzar y afirmar tu importancia en la situación dada, es importante tomarte otro momento y ver las razones por las que sientes que has sido agraviado y que estás en necesidad de restitución. Sólo tienes una breve ventana para conectarte con la otra parte en la mayoría de los escenarios, no los malgastes buscando las palabras correctas para transmitir la injusticia legítima que se ha perpetrado contra ti. No saltes directamente al modo de ataque, explica la situación racionalmente y espera que la otra persona haga lo mismo. Si no responden de la forma debida, expresa tu confianza en tí mismo y aumenta la importancia de tu solicitud de manera apropiada.

Una vez que hayas decidido que estás ciertamente en lo correcto, ordena tus pensamientos así como tu energía. Es importante que te afirmes en esta situación utilizando un lenguaje corporal de autoridad. Párate derecho, levanta la cabeza, relaja los brazos y planta los pies. Cuando intentes llamar la atención de la otra persona, habla con una voz clara y ordenada que sea lo suficientemente fuerte como para que la otra persona oiga con seguridad, pero que no sea excesivamente fuerte para el lugar en el que te encuentras. Es importante dirigirse siempre a la otra persona educadamente y darles todas las oportunidades de un discurso razonable.

Es importante siempre expresar tus sentimientos directamente de una manera que aclaren el problema que tienes y lo que esperas que la otra persona haga para resolver la situación. Para estar seguro de ti mismo no necesitas siempre alejarte del vencedor, expresarte apropiadamente es una victoria en sí misma. Es por eso que es importante que siempre te recompongas antes de abordar la situación de frente, sólo tienes una oportunidad de causar una primera impresión, y quieres que sea buena. Ten una idea clara de tu plan de ataque, ya que de lo contrario será fácil para la otra persona simplemente desestimar tu queja.

No tener metas SMART

Las personas emocionalmente inteligentes saben lo que quieren lograr en la vida porque viven y respiran esto dentro y fuera. Esto no sólo significa metas en la carrera sino en la vida, ya sea un matrimonio feliz, una carrera satisfactoria en una organización sin fines de lucro, alimentar a los hambrientos, convertirse en un humanitario y seguir adelante. Comienza a prepararte escribiendo tus metas - esto tiene que ver con todo lo que quieres lograr en tu vida. ¿Correr un maratón? ¡Escríbelo! ¿Escalar el campamento base del Monte Everest? Anótalo. ¿Comprar una casa? Anótalo. Esto eventualmente se convertirá en una larga lista, así que mira lo que has escrito y escoge uno o dos sueños por los que te sientas más apasionados y aplica el enfoque de establecer metas SMART que es:

S: Los objetivos SMART son específicos. Las mejores metas son las que siempre serás capaz de determinar claramente dónde estás parado en relación a la meta. La meta debe tener un enunciado de falla claramente definido, así como un enunciado que te hará saber claramente cuando hayas cruzado la línea de meta. Los objetivos específicos también van a ser mucho más fáciles de trazar a lo largo del tiempo, ya que su especificidad se traducirá en sub-objetivos claros que pueden vincularse a su éxito o fracaso.

Cuando elijas un objetivo específico, vas a querer garantizar que tienes una idea clara de los siguientes detalles para asegurarte de que has elegido un objetivo que sea lo suficientemente específico para tus necesidades.

- Con quién tendrás que trabajar para hacer realidad el

objetivo
- Lo que tendrás que hacer para empezar a completar la meta
- Dónde tendrás que ir para ver la meta hasta su finalización
- Por qué querías empezar a completar la meta en primer lugar
- Cuándo puedes esperar, de manera realista, que la meta sea completada
- Cómo vas a completar la meta en varios pasos

M: Las metas SMART son Medibles. Un objetivo que es medible hace que sea fácil determinar métricas precisas para el éxito, el progreso o el fracaso. Mantener las metas medibles te ayudará a trabajarlas a un ritmo constante en lugar de esporádicamente. Si estás teniendo dificultades para hacer que tus metas sean medibles, trata de considerar cuánto de algo podría indicar éxito o fracaso. Del mismo modo, partir del punto final y trabajar hacia atrás puede ser más fácil, considera cómo sabrás que la meta se ha completado con éxito y luego trabajar hacia el principio puede hacer que las metas medibles sean más fáciles.

A: Los objetivos SMART son Alcanzables. Un buen objetivo no sólo es específico y medible; también es alcanzable de manera realista. Toda la planificación y medición en el mundo nunca te hará ningún bien si has decidido trabajar por una meta que nunca va a ser capaz de ser alcanzada, no importa lo que sea. Mientras que fijar una meta para ser extremadamente inteligente emocionalmente es una meta noble, si no estás ya a mitad de camino entonces es demasiado fácil de alcanzar en este momento. Si la meta para la que estás trabajando no parece ser alcanzable de manera realista, te resultará mucho más difícil enfocarte en ella con la determinación real que vas a necesitar para completar cualquier meta, haciendo aún más improbable que vayas a ser capaz de alcanzarla. Apégate a los objetivos que permanecen en el campo de las posibilidades para obtener los mejores resultados.

R: Los objetivos SMART son Relevantes: Cuando se trata de establecer metas para mejorar tu perspectiva de la vida, es importante que empieces con metas que tengan el efecto más notable en tu vida diaria al principio, y luego trabajar hacia metas más abstractas a partir de ahí. Este tipo de enfoque tendrá numerosos beneficios tanto a corto como a largo plazo, culminando en última instancia en un estado mental que está claro de distracciones y más exactamente capaz de centrarse en los resultados a largo plazo que necesitas para ver la verdadera libertad financiera.

Al principio, elegir las metas que tendrán el impacto más inmediato en tu situación actual no sólo hará que sea más fácil concentrarse en otras tareas una vez que las distracciones actuales estén fuera del camino, sino que también le enseñarán a tu cerebro a asociar el trabajo arduo y la dedicación con el cumplimiento exitoso de las metas. Esto, a su vez, te facilitará comprometerte con metas más difíciles o complicadas a largo plazo, ya que tendrás una razón histórica para equiparar el trabajo duro y la dedicación con el éxito.

Haciendo un buen uso de todo esto: Puedes crear tu pizarra de visión con las imágenes y palabras que reflejan tus objetivos y colocarla donde puedas verla todos los días. Incluye palabras e imágenes que comuniquen cómo te sientes acerca de tu meta más apasionada. Divide las metas más grandes en pasos prácticos y crea un plan para empezar.

En el camino, reconoce también a las personas que desempeñan un papel importante en tu vida que te pueden ayudar a alcanzar estas metas e hitos. Reconoce su apoyo ya que éste es un paso hacia la inteligencia emocional, y tampoco te olvides de agradecerles por las cosas que hacen para ayudarte a llegar allí.

T: Un objetivo SMART es Oportuno: Aunque no podrás distinguir un objetivo SMART adecuado del resto con sólo mirar algunas de sus características, siempre podrás identificar uno por su horario estricto, incluyendo una fecha firme de inicio y fin. En última instancia, no importará cuán mensurable, específica, relevante y alcanzable sea tu meta, ya que sin un marco de tiempo firme para que la completes, las probabilidades de que realmente la completes caen por debajo del 20 por ciento.

Conclusión

Gracias por llegar hasta el final de *Inteligencia Emocional: Un Libro Lleno de Maneras Fáciles de Mejorar Tu Autoconocimiento, Tomar el Control de Tus Emociones, Mejorar Tus Relaciones y Garantizar el Dominio de la Inteligencia Emocional*, esperamos que haya sido informativo y capaz de proporcionarte todas las herramientas que necesites para lograr tus objetivos, cualquiera que estos puedan ser. El hecho de que hayas terminado este libro no significa que no quede nada que aprender sobre el tema. Expandir tus horizontes es la única manera de encontrar el dominio que buscas.

Ahora que has terminado este libro, es el momento de dejar de leer y prepararte para empezar a mejorar tu Inteligencia Emocional de una vez por todas. Mientras leías este libro, sin duda te encontraste con algún ejercicio cuyo valor podías ver claramente en tu propia vida, así como con aquellos que sentías que sólo reforzarían aspectos de la Inteligencia Emocional que ya tenías bajo control. Sin embargo, es importante tener en cuenta que todos los ejercicios discutidos fueron incluidos por una razón y que la suma total de los ejercicios en orden será seguramente más que sus partes individuales. Por lo tanto, es importante confiar en el proceso y confiar en que hacerlo dejará tu Inteligencia Emocional tan preparada para el éxito como sea posible.

Terapia Cognitivo-Conductual

La Guía Completa para Usar la TCC para Combatir la Ansiedad, la Depresión y Recuperar el Control sobre la Ira, el Pánico y la Preocupación.

Por: Daniel Patterson

Tabla de Contenidos

Tabla de Contenidos
  Introducción

  ¿Qué es exactamente la TCC?

  ¿Cómo funciona la TCC?

  ¿Qué Tipos de Problemas puede Resolver la TCC?

  ¿Por qué la TCC es popular y confiable?

  ¿Qué ocurre en una sesión de TCC?

  ¿Cómo es el aprendizaje de la TCC?

  ¿Cuánto tiempo dura generalmente la TCC?

  ¿Existe algún método de TCC que las personas puedan utilizar aparte de sesiones de terapia reales?

  Capítulo 1: Historia de la Terapia Cognitivo-Conductual (TCC)

  El Espiral Hacia El Éxito
  El Marco Fundacional de la TCC
  Raíces de la Terapia Conductista
  Las Raíces de la Terapia Cognitiva
  Pensamientos Automáticos en la Terapia Cognitiva
  Combinando los Enfoques

  Capítulo 2: ¿Es la TCC la terapia adecuada para ti?
  Lista Rápida
  Capítulo 3: La Guía de Vida Diaria para la TCC

Calendario de Actividades Agradables
Jerarquía de Exposición a Situaciones
Exposición a Imágenes
Método CTT
Herramientas Cognitivas
Herramientas de Comportamiento
Opiniones de 360 grados
Ejercicio de Aclaración de Valores

Capítulo 4: Ventajas y Métodos de la TCC

Cómo funciona la Terapia Cognitiva Conductual
Características que hacen de la TCC una herramienta eficaz
Método pragmático
Terapia Cognitivo-Conductual vs. Otros Tipos de Psicoterapia
¿En qué se diferencia la TCC de otras formas populares de terapia?
Diario de la TCC

Capítulo 5: Trastornos, problemas médicos y emocionales que la TCC puede tratar

Trastornos de Pánico
Depresión
Trastorno de Déficit de Atención/Hiperactividad (TDAH)
Trastorno Obsesivo-Compulsivo (TOC)
Fobia Social/Ansiedad Social
Trastorno Bipolar
Trastorno de Ansiedad Generalizada (TAG)
Esquizofrenia

INTELIGENCIA EMOCIONAL Y TERAPIA CONDUCTISTA COGNITIVA

Bulimia Nerviosa
Miedo a Volar/Fobia a Volar

Capítulo 6: TCC para la Depresión

Tipos de Depresión

Signos y Síntomas de Depresión

¿En qué se diferencia la terapia cognitiva conductual (TCC) de otros tratamientos para la depresión?

Cómo la terapia cognitiva conductual puede ayudar con la depresión

Técnicas de terapia cognitiva conductual para contrarrestar los pensamientos negativos de la depresión

Capítulo 7: TCC para la Ansiedad

Pensamientos desafiantes en la TCC para la ansiedad
Terapia de exposición para la ansiedad
Desensibilización Sistemática
Terapias complementarias para el Trastorno de Ansiedad
Cómo hacer que la terapia para la ansiedad funcione para ti

Capítulo 8: TCC para el miedo y las fobias

Tratamiento para las fobias
Terapias cognitivas conductuales para las fobias
Terapias de grupo para aliviar los miedos
Terapia Individual
Terapia Familiar

Capítulo 9: TCC para los hábitos inadaptados o malos hábitos

La Evasión
Abuso de sustancias
Retirarse o abandonar
Convertir la ansiedad en ira

Capítulo 10: TCC para la obsesión y el TOC

Tres aspectos de la TCC para el TOC
Pasos para el TOC
Preparando el camino para tu paciente
¿Qué pueden esperar tus pacientes?

Capítulo 11: TCC para pensamientos intrusivos y TOC

Pensamientos intrusivos en las relaciones
Pensamientos sexuales sensibles
Pensamiento mágico sobre los pensamientos intrusivos
Pensamientos religiosos intrusivos
Pensamientos violentos e intrusivos
Obsesión corporal (TOC sensomotor)
Simetría y Orden
Abreviaturas usadas comunmente para el TOC
Tratamiento de los pensamientos intrusivos del TOC mediante TCC

Capítulo 12: TCC para la salud mental y el ejercicio

Herramientas cognitivas y ejercicio
Herramientas de Comportamiento y Ejercicio
Herramientas de terapias de tercera generación
Afecciones de salud mental que pueden mejorar con la TCC

Manejar el duelo
La espiral descendente del trastorno mental

Capítulo 13: TCC para el autocontrol y evaluación del progreso

La caja de herramientas de la TCC
Uso de la TCC para lograr el éxito
Definir el éxito
Metas SMART y Plan de Acción

Capítulo 14: Cómo trata la TCC con las cosas

Aprovechando al máximo

Capítulo 15: Reflexiones finales sobre la terapia cognitivo-conductual

¿Cuál es el siguiente paso en el futuro de la TCC?
¿Cuántas sesiones TCC Necesitas Para obtener el Resultado Deseado?
¿Existe algún límite para la TCC?
Aprender sobre tu estado de salud emocional
Lo Que Puedes Anticipar

Identificar Estrategias para Manejar las Emociones

Maneras de practicar técnicas de terapia cognitivo-conductual por tu cuenta
Asegúrate de que sabes:

Conclusión

Introducción

Es posible que hayas oído hablar de la Terapia Cognitivo-Conductual (TCC), el procedimiento psicoterapéutico basado en la evidencia y dedicado a cambiar ideas y conductas no deseadas, con anterioridad. Parece ser mencionada en prácticamente todos los artículos informativos de la web: ¿Problemas de insomnio? Prueba la TCC. ¿Problemas con traumas? La TCC te servirá de ayuda. Para el estrés, la depresión, la autoestima muy baja, la ansiedad de viajar, etc., la TCC puede ser tu respuesta. Hay una alta probabilidad de que hayas hecho TCC o de que conozcas a alguien que la haya hecho.

Entonces, ¿qué es la TCC? ¿Alivia realmente la angustia emocional y cómo lo logra? Sí, lo hace y los métodos exactos pueden ser desconcertantes para algunos.

¿Qué es exactamente la TCC?

La TCC es sólo una de las docenas de opciones de tratamiento utilizadas en la psicoterapia. Realmente se centra en la premisa de que muchos de los problemas de la vida provienen de nociones y comportamientos defectuosos (de ahí es precisamente de donde proviene el término "cognitivo"). Al alterarlos deliberadamente para que sean objetivos más saludables y exitosos podríamos aliviar la angustia. En la capacitación, la TCC se compone comúnmente de identificar los puntos de vista y comportamientos problemáticos y reemplazarlos con respuestas que sean saludables.

La TCC es un tipo de terapia de comunicación que ayuda a identificar pensamientos difíciles, y también ayuda a muchas personas a saber, en su mayoría, cómo moldear sus pensamientos e incluso sus conductas, mejorando en última instancia su forma de sentir. Esto investiga la relación que ocurre entre los comportamientos, sentimientos y pensamientos. Por lo tanto, surge de dos escuelas de psicología muy diferentes: Terapia Cognitiva y Conductismo. Las raíces de éstas se pueden rastrear a dos modelos.

La TCC también se define como la unión entre terapias conductistas y cognitivas, con apoyo empírico lo suficientemente fuerte como para ser considerada una atención médica para muchos trastornos fisiológicos.

La TCC también se centra en desarrollar las habilidades personales del individuo, o en adecuar las habilidades que le permitan tomar conciencia de sus sentimientos y pensamientos, y en identificar soluciones. También tiene una manera de impactar la percepción de las personas, ayudando a mejorar los malos sentimientos mediante la sustitución de conductas y creencias. La TCC se diferencia de otros métodos tradicionales de terapia de conversación en que da una prominencia determinada a las habilidades adquiridas por el individuo y al uso de las tareas. Esta terapia tiene como objetivo no sólo resolver el problema actual de cualquier individuo o trabajar en la negatividad de sus pensamientos, sino también ayudar a mejorar las herramientas del individuo para que sea más eficiente en la resolución de los problemas que puedan surgir en el futuro cercano.

¿Cómo funciona la TCC?

La TCC, a diferencia de las terapias psicoanalíticas y psicodinámicas, es un enfoque a corto plazo que por lo general toma tan sólo 6 sesiones, o incluso hasta 20 sesiones. A lo largo de cada sesión, es posible que tú y tu terapeuta identifiquen situaciones y circunstancias dentro de tu vida que podrían haber causado tu estado de ánimo deprimido, o haber contribuido a éste. Es entonces cuando tu forma actual de pensar y tu percepción distorsionada pueden ser abordadas e identificadas. Es posible que te animen a escribir en diarios para llevar un registro de cada uno de los acontecimientos de tu vida y de tus reacciones a ellos. Esto también puede ayudar al terapeuta a analizar e identificar tus pensamientos y reacciones, que pueden incluir:

- Pensamientos polarizados, que sólo ven el mundo como blanco o negro.

- El rechazo a lo positivo, lo que podría descalificar toda experiencia positiva y sentimiento que hayas tenido.

- La sobre generalización, que significa sacar conclusiones generales sobre un evento en particular.

- Pensamientos negativos automáticos, es decir, cuando experimentas pensamientos reprobatorios.

- Tomarse las cosas muy personalmente, es decir, pensar que algunas cosas suceden debido a lo que dices, a lo que has hecho o a la sensación de que las reacciones de todos se dirigen principalmente hacia ti.

- Reducir o aumentar de manera poco realista la utilidad de cada evento, lo que significa construir o derribar las cosas de una manera que podría no coincidir con el mundo real.

- Enfocarse en asuntos negativos, es decir, detenerse a pensar en cosas hasta el punto en que tu percepción general es muy oscura.

¿Qué Tipos de Problemas puede Resolver la TCC?

La TCC puede utilizarse para el estrés, la depresión, las lesiones, los problemas de autoestima, el TDAH, la comunicación deficiente o las expectativas poco realistas de la pareja, por nombrar sólo algunos. Cuando se trata de un problema que implica conceptos y comportamientos, la TCC actúa como una cura.

¿Por qué la TCC es popular y confiable?

Una razón para que la TCC sea tan popular y confiable es que ha sido analizada de manera muy amplia. Vale la pena investigarla, ya que resalta las intervenciones rápidas y orientadas a la búsqueda de soluciones; su intención es siempre generar ajustes distintos y cuantificables en conceptos y comportamientos, y es vista como una mina de oro para los terapeutas.

¿Qué ocurre en una sesión de TCC?

Al principio, es probable que el terapeuta mencione un método de pago, las políticas de cancelación, los objetivos de la terapia, el informe terapéutico del paciente, además de un resumen de los problemas del paciente. A partir de entonces, las discusiones girarán en torno a las batallas a las que se enfrenta el paciente y cómo aliviarlas.

El terapeuta y el paciente interactúan para generar un programa de acción para cualquier problema que el paciente esté enfrentando. Un plan de actividades significa que establecen los conceptos y comportamientos discutibles, descubren un método fácil para mejorarlos y producen una forma de ejecutar este plan.

¿Cómo es el aprendizaje de la TCC?

La TCC se basa en ofrecer una disminución instantánea y eficaz de los síntomas externos. La práctica regular puede incluir ejercicios y un diario de ideas y sentimientos. También puede incorporar métodos dirigidos a un tema en particular, examinando publicaciones relevantes o buscando circunstancias para emplear tu nueva estrategia.

¿Cuánto tiempo dura generalmente la TCC?

Uno de los aspectos más destacados de la TCC es que se centra en erradicar los signos e indicadores lo más rápidamente posible, en promedio en un mes o dos, dependiendo de la capacidad del paciente para concentrarse en la terapia y de la cantidad y gravedad de sus problemas. La brevedad es crucial para el enfoque particular; una característica esencial que destaca a la TCC de otras terapias.

¿Existe algún método de TCC que las personas puedan utilizar aparte de sesiones de terapia reales?

¿Habrás escrito en un diario de gratitud? ¿Has pensado en monitorear tu ingesta de alimentos? ¿Alguna vez has monitoreado tus patrones de sueño y su calidad?

Si has hecho cualquiera de éstos, ya estás empleando algunos de los fundamentos de la TCC en tu actividad diaria. Sin embargo, la terapia personalizada y estructurada sigue siendo la mejor.

Compartiremos una gran cantidad de información en este libro para ayudar a cualquiera que tenga síntomas que se puedan aliviar mediante la TCC. La importancia de la TCC no puede ser exagerada, ¡así que vamos a profundizar más!

Capítulo 1: Historia de la Terapia Cognitivo-Conductual (TCC)

La TCC se ha vuelto muy conocida a lo largo de los años, ya que muchas personas son muy conscientes de su uso y eficacia actual en el tratamiento de trastornos conocidos como la depresión y la ansiedad. Esta no es una terapia nueva en lo absoluto, y tiene una estructura que hace que los resultados/factores sean fáciles de medir, lo que ha hecho que sea fácil tener muchos ensayos clínicos exitosos y ser un tratamiento aprobado y utilizado por el NHS del Reino Unido.

El Espiral Hacia El Éxito

En la década de 1960, un psiquiatra llamado Aaron T. Beck trataba a individuos que sufrían de depresión. Quería entender mejor la legitimidad de los métodos de psicoanálisis hechos famosos por Sigmund Freud. Aunque Beck comenzó a hacer algunas investigaciones y experimentos con la esperanza de verificar las técnicas de tratamiento pertinentes, descubrió que los métodos tenían muy poco o ningún efecto positivo en los pacientes que estaban deprimidos. Al encontrar esta gran revelación, Beck no tuvo otra opción que desarrollar otros métodos nuevos y eficaces para ayudar a sus pacientes. Como resultado, Beck desarrolló los métodos de tratamiento de la TCC con la ayuda de otras figuras conocidas y célebres como Albert Ellis.

Desde que el Dr. Beck comenzó a tratar a sus pacientes deprimidos con sus nuevos métodos terapéuticos, la TCC se convirtió en uno de los tratamientos mejor vistos para la salud mental.

Con la estructura modernizada de la TCC actual, hay diversas actividades terapéuticas que los psiquiatras pueden utilizar no sólo para ayudar a sus pacientes a vencer la depresión, sino también otros trastornos de salud, como la obesidad, la adicción y la ansiedad.

Si bien podría ser fácil pensar que la TCC sólo puede ser utilizada por los profesionales médicos en el tratamiento de aquellos con problemas de salud mental, este no es el caso. La estructura de la TCC se basa en creencias psicológicas fundamentales que se pueden aplicar a cualquier persona.

El Marco Fundacional de la TCC

Antes de mirar en profundidad las otras maneras en que podemos utilizar las herramientas de la TCC y el ejercicio para nuestro desarrollo personal, es importante entender los métodos del tratamiento y su estructura subyacente.

Para aquellos que no tienen conocimiento previo de la TCC, lo más importante es que los terapeutas de la TCC trabajen con pacientes en los niveles de cognición y de conducta, las dos partes "C" de la TCC. Más allá de este punto fundamental, es imperativo examinar brevemente los cuatro conceptos que se erigen como el trasfondo sobre el que se construye la TCC, el triángulo de la TCC: los pensamientos automáticos, el pensamiento disfuncional, y el modelo cognitivo.

El modelo triangular de la TCC explica cómo las emociones, pensamientos y comportamientos de un individuo afectan a todos. Un terapeuta de TCC siempre ve el triángulo como uno de los hechos psicológicos que guía a toda la humanidad.

El terapeuta de TCC comienza a trabajar con los pacientes para formar los métodos de tratamiento con la base de que los comportamientos, pensamientos y emociones de todos los individuos se afectan continuamente, en todo momento. Por ejemplo, cuando un individuo comienza a pensar mal, habrá severas repercusiones a nivel conductual y emocional. Del mismo modo, si un individuo se comporta destructivamente, habrá graves ramificaciones a nivel emocional y cognitivo.

Puesto que los pensamientos cognitivos no afectan nuestros comportamientos y emociones, nuestras emociones también afectan comportamientos y emociones; todo el mundo puede tomar acciones que sean afirmativas tanto en los niveles conductuales como cognitivos de maneras que aumenten la sensación de bienestar subjetivo.

El concepto cognitivo del modelo TCC explica cómo circunstancias y situaciones específicas conducen a una reacción en cadena de las sensaciones corporales, pensamientos, comportamientos y respuestas emocionales. Cuando un individuo sufre de ansiedad social, por lo general está en un ambiente de alta presión; estará ansioso acerca de las cogniciones que guían su comportamiento. Los pensamientos y las emociones de la ansiedad social tienen una manera de influenciarse unos a otros; los individuos tomarán medidas para salir de las situaciones. El modelo nos explica que estas situaciones causan pensamientos que permiten que las emociones alteren nuestro comportamiento.

Por último, el concepto de la TCC de pensamientos automáticos y pensamientos disfuncionales son áreas en las que se desarrolla una enfermedad mental. Mientras que los psiquiatras y psicólogos de varias escuelas de pensamiento no están de acuerdo en todo, todos están de acuerdo en que hay un flujo de pensamientos aparentemente automáticos que fluyen de nuestros cerebros. Cuando se trabaja con personas que tienen una enfermedad mental, un terapeuta de la TCC indicará que cada cognición negativa o patrones de pensamiento disfuncionales son los culpables de los trastornos emocionales y de conducta.

Raíces de la Terapia Conductista

Los tratamientos para los trastornos del comportamiento han estado disponibles durante mucho tiempo. A principios del siglo XX, Pavlov, Skinner y Watson fueron los primeros partidarios de los tratamientos conductistas. El conductismo se basa en la idea de que cada comportamiento puede ser entrenado, medido y también modificado. También denota el hecho de que nuestro entorno influye en nuestro comportamiento.

La terapia conductista surgió por primera vez en la década de 1940, como respuesta a la necesidad de los veteranos de la Segunda Guerra Mundial de adaptarse a la vida "normal" y de lidiar con su horrible experiencia de guerra. Se utilizó como una terapia a corto plazo para la ansiedad y la depresión que correspondía con la investigación sobre cómo las personas aprenden a reaccionar emocionalmente y a comportarse en diferentes situaciones de la vida. Ésta hace frente a la terapia psicoanalítica que era famosa en la época y que es considerada como la primera ola de la TCC.

El viejo enfoque de la terapia conductista ya no se utiliza tan comúnmente como hace muchos años. En este momento, tenemos un enfoque más colaborativo para el tratamiento de los problemas cognitivos, que ha demostrado ser más confiable.

Las Raíces de la Terapia Cognitiva

En el siglo 20, el concepto de un psicoterapeuta australiano (Alfred Adler) de los errores fundamentales y el papel que juegan en las emociones desagradables lo hizo uno de los primeros terapeutas en tratar con la cognición de la psicoterapia. El trabajo que llevó a cabo inspiró al psicólogo estadounidense Albert Ellis a cambiar la terapia racional del Comportamiento Emotivo (REBT, por sus siglas en inglés) En la década de 1950. Ahora se sabe que esta es la forma más temprana de la psicoterapia cognitiva, y su idea fundamental es que la incomodidad emocional de una persona proviene ya sea de sus pensamientos acerca de un evento o del evento que sucedió en sí.

En 1950-1960, el mencionado psiquiatra Aaron T. Beck se enteró de que la mayoría de sus pacientes tenían comunicaciones internas (voces en sus cabezas) durante sus sesiones de terapia. También encontró que algunos pacientes también parecían hablarse a sí mismos, pero no compartían con él lo que decían esas voces. Por ejemplo, un paciente diciendo, "el terapeuta está callado hoy. Me pregunto si no está feliz conmigo." De esa forma, ya están ansiosos por el resultado.

Pensamientos Automáticos en la Terapia Cognitiva

Beck sabía de la utilidad del vínculo entre los sentimientos y los pensamientos. Entonces él acuñó la frase de "pensamientos automáticos" para decirnos exactamente lo que estaba pasando en nuestras mentes. También descubrió que aunque muchas personas no son conscientes de estos pensamientos, pueden aprender a notarlos e identificarlos. Descubrió que las personas que están enojadas siempre tienen malos pensamientos, y al descubrir y desafiar estos pensamientos, pueden haber cambios positivos de larga Duración. En otras palabras, la TCC ayuda a las personas a salir de este proceso de pensamiento automático.

En la década de 1960, una serie de estudios mostraron empíricamente cómo la cognición influye en las emociones y los comportamientos. Esto también se conoce como revolución cognitiva o como la segunda onda de la TCC. En estos se enfatiza la importancia que juegan los pensamientos conscientes en la psicoterapia.

Combinando los Enfoques

Las terapias conductistas también son relevantes en el tratamiento de trastornos como la neurosis, pero todavía no han sido capaces de superar la depresión. Como las terapias cognitivas se han vuelto más populares y los psicólogos están viendo más éxito con estas al combinarlas con diferentes enfoques se puede utilizar para tratar con éxito los trastornos de pánico. La TCC le da un mayor énfasis a la experiencia, creencia y sentimientos del individuo en cada momento dado.

Capítulo 2: ¿Es la TCC la terapia adecuada para ti?

¿Estás confundido acerca de los diferentes tipos de terapia que existen? Si es así, no estás solo. La TCC es una de las formas más conocidas de terapia, pero, ¿cómo puede ayudarte y qué implica exactamente?

Cada vez que conozco a un paciente por primera vez, le hago preguntas sobre lo que sabe acerca de la TCC y, la mayoría de las veces, la respuesta que obtengo es la misma: "Muy poco." Sin embargo, esto no es exactamente un problema, ya que parte de mi trabajo consiste en decirles cómo funciona y también en guiarlos a través del proceso. Sin embargo, estoy seguro de que hay más personas de las que uno se imagina que necesitan ayuda desesperadamente y no se dan cuenta de cómo la TCC puede ser exactamente lo que necesitan.

La TCC es todavía relativamente nueva y es respetada en todas partes porque sus fundamentos están basados en una simple proposición de que nuestros pensamientos afectan nuestros sentimientos. Esto comienza por desarrollar una mejor comprensión de cómo pensamos normalmente de nosotros mismos y de las personas que nos rodean, lo que puede conducir a una perturbación emocional.

En este capítulo, discutiremos las maneras en que las diferentes estrategias de la TCC pueden ayudarte a empezar a pensar y a comportarte de una manera sana y emocional.

Entonces, ¿cómo sabrás si la TCC es apropiada para ti?

Asumiré que estás leyendo este capítulo porque no te sientes demasiado bien, y que estás batallando en tu vida y ya no te sientes como tu yo "normal". Esta puede ser una sensación que has estado notando durante mucho tiempo o puede haber sido desencadenada recientemente. Puede ser que estés consciente de que estás sufriendo de depresión o ansiedad o también puedes tener problemas de ira. También es

INTELIGENCIA EMOCIONAL Y TERAPIA CONDUCTISTA COGNITIVA

posible que te encuentres en una situación personal muy difícil, que tengas poca confianza en ti mismo o que te sientas solo.

Los problemas emocionales pueden ser diversos y una de las claves vitales es saber si la TCC puede ayudar. Puede ser muy difícil controlarte o dejar de sentirte cómo te sientes, no importa cuánto lo reprimas, hables de ello o trates de ignorarlo tanto como sea posible, esos pensamientos y sentimientos negativos siempre aparecen y parecen empeorar cada día. Lo positivo, si así es como te sientes, es que no importa lo mal que te sientas, también puedes cambiar: la TCC ayuda a establecer un equilibrio y a hacer los ajustes necesarios para asegurarte de que las cosas vuelvan a la normalidad para ti y que desarrolles una perspectiva más beneficiosa y positiva.

Por lo tanto, si estás buscando una terapia que siga un proceso estratégico y lógico, que ayude a cambiar y también a hacer avanzar las cosas que te están frenando, entonces la TCC es una buena opción que puedes explorar. A diferencia de otras terapias psicoanalíticas que ayudan a centrarse en las cosas del pasado, la TCC habla de lo que sucede en el presente: se necesita lo que ha sucedido en eventos pasados para ayudar a saber o tener en cuenta por qué se está pasando por un trauma emocional actual, centrándose básicamente en soluciones y métodos para lograr un cambio a largo plazo. La filosofía que se aprende puede ser aplicada a través de muchas circunstancias de la vida.

Por lo tanto, la TCC es muy útil en los tiempos modernos, ya que te alienta a ser siempre responsable de cómo te sientes, fortaleciendo tu conciencia emocional, proporcionándote maneras efectivas de enfrentarte a los difíciles desafíos de la vida. No nacemos con nuestros sentimientos y pensamientos, pero a menudo se desarrollan a medida que crecemos, y pueden ser influenciados por nuestros maestros, padres, amigos y nuestras experiencias diarias. Esto nos ayudará a entender que tenemos el poder de cambiar nuestros pensamientos. Y si nuestros pensamientos mejoran la manera en que nos sentimos, necesitamos entender el tipo de pensamientos que nos llevan a emociones que no nos ayudan, para que podamos hacer los cambios necesarios.

Una pregunta muy importante a tener en cuenta es la frecuencia con la que estás acostumbrado a pensar en "blanco y negro" en tu vida. "Debo tener éxito. Si no lo logro, soy un fracasado", "esa persona no me sonrió, así que sé que no le agrado." Esta tendencia inflexible de "todo o nada" crea más presión y es un ejemplo de una distorsión del pensamiento que debe ser objeto de cambio y de crear alternativas más equilibradas.

Lista Rápida

La TCC puede ayudar si:

- quieres aprender y tomar el control de tus emociones
- te encanta la idea de una terapia lógica y cientíﬁcamente probada que te ayudará a cambiar cómo te sientes en el presente y también en el futuro
- crees que el cambio es posible aunque parezca imposible en este momento.
- te gusta la idea de practicar estrategias entre sesiones
- te sientes bloqueado y atascado

Capítulo 3: La Guía de Vida Diaria para la TCC

Existe la teoría de que si haces algo consistentemente durante 21 días, se convierte en un hábito. La TCC te ayudará a inculcar buenos hábitos en tu estilo de vida diario, y te convertirás en una mejor versión de ti mismo.

Aquí hay algunas pautas que podrían ayudarte, diariamente, a alcanzar tus metas.

Calendario de Actividades Agradables

La programación de actividades agradables no es tan efectiva como las técnicas de terapia conductual, pero es particularmente útil para aquellos que sufren de depresión.

Intenta esto: Escribe los próximos 21 días en un papel a partir de hoy (jueves, viernes, sábado, etc.). Para cada día, programa una actividad que te guste hacer. Podría ser tan fácil como leer un capítulo de una novela. Un método alternativo es planear una actividad para un día que te dé cierto sentido de capacidad, logro y maestría. También, escoge algo pequeño que no sueles hacer, busca algo que no te lleve menos de 10 minutos lograr. Un método mejorado es planear tres actividades agradables todos los días; una por la mañana, otra al mediodía y otra por la noche. Tener eventos que traen altos niveles de emociones positivas diariamente a tu vida te ayudará a pensar menos y ser menos negativo.

Jerarquía de Exposición a Situaciones

La jerarquía de exposición a situaciones es hacer cosas que normalmente evitarías hacer. Por ejemplo, una persona que padece un trastorno alimentario puede tener una lista de alimentos prohibidos, en la que el helado encabeza la lista y el yogur con alto contenido de grasa está de último lugar. Alguien que tiene ansiedad social podría decidir que invitar a alguien a salir en una cita causa la mayor ansiedad, pero pedirle una dirección a alguien causa la menor.

La idea de la jerarquía es hacer una lista de 10 ítems que causan la mayor ansiedad o desencadenamiento negativo, siendo 10 el máximo. Por ejemplo, para el trastorno alimentario mencionado anteriormente, el helado sería un 10 y el yogur un 1. La lógica es ir ascendiendo en la lista desde lo más pequeño a lo más alto; exponerte a estas cosas poco a poco para poder enfrentar tus miedos.

Exposición a Imágenes

Una versión de la exposición a imágenes implica recordar algo reciente que provoque emociones negativas intensas. Por ejemplo, un estudiante de psicología clínica al que el supervisor le dio un informe crítico, podría usar la exposición a imágenes recordando la escena cuando le dieron el informe vívidamente (por ejemplo, cómo se veía la habitación, el tono que usó el supervisor).

También pueden intentar etiquetar con precisión los pensamientos y emociones que han experimentado durante las interacciones y cuáles son sus impulsos (por ejemplo, enojarse o salir corriendo de la habitación para llorar). En la exposición continua de imágenes, la persona tendrá que seguir visualizando imágenes hasta que su nivel de incomodidad se reduzca a la mitad en relación a la inicial (digamos de 8/10 a 4/10).

La exposición a imágenes puede ayudar a contrarrestar la cavilación porque ayuda a superar las experiencias intrusivas y dolorosas, debido a esto, también lleva a una disminución de la evasión. Cuando una persona no se sienta cómoda con las experiencias intrusivas obtenidas, podrá elegir medidas de respuesta más saludables.

Método CTT

Establecer metas realistas y entender cómo resolver problemas (por ejemplo, participar en más tareas sociales; aprender a ser resuelto).

En algunos casos, la TCC es más efectiva cuando se realiza junto con diferentes tratamientos, incluyendo antidepresivos u otros medicamentos.

Además, se entiende muy poco sobre el proceso de adecuar los tratamientos (como la TCC) a las personas. Sin embargo, los profesionales capacitados suelen estar preparados para adaptar la TCC a una amplia gama de circunstancias y personas.

Ejemplo 1

Jenny ha estado batallando con la bebida problemática durante décadas. Ella sabía que podría haber bebidas alcohólicas en la próxima fiesta de la compañía. Ella también sabía que sus compañeros de trabajo a veces la presionaban mucho para que bebiera. Jenny y su terapeuta desarrollaron un plan antes de la fiesta. Jenny eligió evitar el ponche y beber sólo lo que podía tolerar. Ella bebió refrescos, no consumió más de una bebida alcohólica, se quedó no más de tres horas y le pidió a su novio que la recogiera después de la fiesta.

Ejemplo 2

John creía que no había sido "bueno" y que había sido un "fracaso" en la oficina, en su relación romántica y en su entorno inmediato. Con el tiempo, se dio cuenta de que las cosas malas iban a pasar y que las cosas siempre podían ser problemáticas para él. Esto le hizo darse por vencido fácilmente y creer que "no tiene sentido esforzarse".

El terapeuta de John le ayudó a identificar todas estas creencias y consideró la evidencia de estas. Descubrió que veía el mundo en blanco y negro, y comenzó a desafiarse a sí mismo para encontrar el equilibrio. John también descubrió cómo ser más asertivo y a la vez realizar actividades que le hicieran sentirse bien consigo mismo.

Herramientas Cognitivas

Una vez que los individuos abordan las prácticas de autocontrol y evaluación personal, a menudo descubren métodos disfuncionales de pensamiento y formas problemáticas de pensar que les impiden tener éxito. Si y cuando localices estas rutinas mentales, puedes alterarlas usando la práctica de la reestructuración cognitiva, o la práctica de determinar y transformar los pensamientos no deseados en decisiones más prudentes. El registro imaginario disfuncional y la versión ABCD que hemos tocado anteriormente te guiarán hacia el descubrimiento y la transformación de las cogniciones que prohíben el éxito.

Herramientas de Comportamiento

Al tratar de transformar los métodos disfuncionales de pensamiento y los hábitos problemáticos de la cabeza, existe una excelente estrategia. Los terapeutas de TCC pueden a menudo tener que ayudar a sus pacientes a encontrar y liberar creencias centrales limitantes que se observan bajo cogniciones superficiales. Como es improbable triunfar sin necesitar completa confianza en nosotros mismos, dejar ir estas creencias no deseadas que tenemos sobre nosotros mismos es igualmente vital para el éxito. Afortunadamente, nos hemos encontrado con evidencia que ya no sirve a nuestras demandas de ejercicios y tareas de comportamiento en el trabajo. La estimulación conductual (escalar el refuerzo positivo y disminuir las rutinas conductuales desfavorables), el ensayo conductual (entrenamiento para ocasiones y situaciones inminentes), junto con los experimentos conductuales (ejercicios de recolección de información utilizados para probar la validez de los pensamientos y creencias) son tres herramientas conductuales comunes.

Opiniones de 360 grados

Si deseas mejorar tus niveles de habilidades socio-emocionales, tus habilidades para comunicarte con los demás, junto con tu posición profesional, un instrumento eficaz es la retroalimentación de 360 grados o las opiniones de múltiples fuentes. Aunque las evaluaciones de 360 grados se utilizan con mayor frecuencia en entornos profesionales, también pueden ser útiles para medir la opinión de otros en entornos sociales, familiares y comunitarios. Al hacer que otras personas con las que interactúas regularmente completen una evaluación de las debilidades y fortalezas de cada uno, puedes adquirir una visión invaluable de la forma en que los demás te ven personalmente y descubrir habilidades no desarrolladas que podrían ayudarte a ascender al siguiente nivel. Es fundamental no enfadarse, ya que la mayoría de los comentarios que se reciben deben ser aceptados de todo corazón y empleados para la expansión.

Ejercicio de Aclaración de Valores

La última herramienta que vamos a ver será fantástica para las personas que luchan por encontrar el significado de la existencia y está disponible en la modalidad de la popular clínica de Terapia de Aceptación y Compromiso, llamada la práctica de la cautela de los valores. Es bastante fácil culpar al desarrollo individual con la noción errónea de que el éxito, el dinero y la mejora de las conexiones son las cosas que debemos buscar. Reevalúa tus valores y determina el tipo de individuo que deseas ser. Esto puede ayudarte a mejorar tus niveles de bienestar.

Dependiendo de la eficacia verificable de la TCC, es claro cómo todos nosotros podemos utilizar sus estrategias metódicas hacia el logro de nuestras metas. Todos podríamos lograr nuestros objetivos definiendo buenos resultados, construyendo objetivos inteligentes, comprometiéndonos con el autocontrol y la autoevaluación, al tiempo que empleamos técnicas de TCC para ayudar en el camino.

Capítulo 4: Ventajas y Métodos de la TCC

En la sociedad actual, los profesionales de la salud y los psiquiatras se apresuran a recetar fármacos psicotrópicos que a menudo provocan efectos secundarios negativos peligrosos para cualquier trastorno que se deba a patrones de ideas o pensamientos. Pero si te dijeran que hay una manera mucho mejor y más segura de cuidar y curar las tensiones y los trastornos mentales a través de la terapia cognitivo-conductual, ¿lo intentarías?

La TCC es sólo una forma de psicoterapia que destaca la importancia de los pensamientos inherentes para determinar cómo actuamos y sentimos. La TCC es considerada como una de las formas de psicoterapia más prósperas que han surgido en décadas; la TCC se ha convertido en el foco de innumerables pruebas científicas.

Los terapeutas de la TCC descubren, investigan y transforman sus patrones de pensamiento y reacciones particulares, ya que son los que crean nuestros sentidos y determinan nuestros comportamientos. El uso de la TCC mejora la calidad de vida del paciente y también le ayuda a manejar mejor el estrés en comparación con los pacientes que se enfrentan a situaciones difíciles de forma independiente.

Lo que puede sorprenderte acerca de la TCC como teoría básica central es que los escenarios extremos, las interacciones con diferentes personas y los eventos negativos no suelen ser responsables de nuestros malos estados de ánimo y problemas. En cambio, los terapeutas de la TCC ven precisamente lo contrario como la causa. Son nuestras reacciones a los eventos, cuanto más nos decimos a nosotros mismos con respecto a estas situaciones (que pueden estar dentro de nuestro control) lo que termina afectando nuestra calidad de vida. Esta es una gran noticia porque indica que podemos cambiarnos a nosotros mismos.

Al usar la terapia cognitivo-conductual, podemos aprender a alterar la manera en que nos sentimos, lo que a su vez altera la manera en que vemos y lidiamos con las circunstancias difíciles cuando éstas surgen. Ahora somos mejores a la hora de interceptar nociones perturbadoras que nos hacen estar estresados, aislados y deprimidos, y probablemente demasiado pesados mentalmente y reacios a cambiar hábitos negativos. Cuando podamos empezar a mirar las situaciones con precisión y serenidad sin distorsionar la realidad o incorporar limitaciones o miedos, seremos capaces de entender cómo reaccionar adecuadamente para ayudarnos a sentirnos mejor a largo plazo de una manera más rápida.

Estos son algunos de los beneficios de la terapia cognitivo-conductual:

1. Disminuye los Síntomas de la Depresión

La TCC es uno de los tratamientos más rápidos y empíricos para la depresión. Los estudios demuestran que la TCC ayuda a los pacientes a superar los signos de depresión: tal como la rabia y el deseo bajo. También reduce el riesgo de recaídas en el futuro. Se cree que la TCC hace bien su trabajo. Es conocida por aliviar la depresión porque produce cambios en la cognición (sentimientos) que alimentan los círculos viciosos de sentimientos no deseados.

Un análisis publicado en la revista, Cognitive Behavioral Therapy for Mood Disorders, encontró que la TCC protege contra episodios severos de depresión y puede ser utilizada junto con o en lugar de los medicamentos antidepresivos. La TCC también ha demostrado ser prometedora como un enfoque para ayudar a manejar la depresión posparto, así como un complemento al tratamiento farmacológico para pacientes bipolares.

Además, se encontró que la terapia cognitiva preventiva (una versión de la TCC) junto con antidepresivos ayudaban a los pacientes que sufrían depresión a largo plazo. Incluso el estudio de 2018 en humanos

INTELIGENCIA EMOCIONAL Y TERAPIA CONDUCTISTA COGNITIVA

analizó a 289 miembros y después los asignó al azar a la terapia cognitiva preventiva y antidepresivos, antidepresivos de forma independiente o a la terapia cognitiva preventiva con un uso decreciente de antidepresivos después de la curación. El estudio encontró que la terapia clínica junto con el tratamiento con antidepresivos era de primera clase en comparación con el tratamiento del alcoholismo solo.

1. Reduce la Ansiedad

Hay fuertes indicadores de que la TCC podría curar enfermedades transmitidas. Los indicadores más fuertes son la curación de las enfermedades que se transmiten, como los trastornos de pánico, el trastorno obsesivo-compulsivo, el trastorno de ansiedad social, el trastorno de ansiedad generalizada y el trastorno de estrés postraumático. En general, la TCC muestra tanto la efectividad en los ensayos controlados aleatorios como la eficacia en ambos entornos naturalistas entre los pacientes con ansiedad y los terapeutas. Los investigadores han encontrado que la TCC funciona bien como un tratamiento orgánico para la ansiedad porque comprende varias combinaciones de las siguientes técnicas:

La psicopedagogía sobre el carácter del miedo y la ansiedad, el autocontrol de los síntomas externos, los ejercicios corporales, la reestructuración cognitiva (por ejemplo, la desconfirmación), la imagen junto con la experiencia in vivo de los estímulos temidos (terapia de exposición), desengancharse de las señales de seguridad que no han tenido éxito, y la prevención de las recaídas.

1. Ayuda a tratar los Trastornos Alimenticios

Se ha comprobado que la TCC ayuda significativamente a manejar la psicopatología subyacente de los trastornos alimentarios y cuestiona la sobrevaloración de la forma y el peso. Además, puede interferir con la ayuda de pesos corporales estériles, mejorar el control de los impulsos, ayudar a prevenir atracones o purgas, disminuir la sensación de aislamiento y también ayudar a los pacientes a sentirse cómodos con los alimentos o situaciones "desencadenantes" por medio de la terapia de exposición. La terapia cognitiva es ahora el procedimiento de preferencia para tratar la bulimia nerviosa y los "Trastornos de la conducta alimentaria no especificados" (EDNOS, por sus siglas en inglés), los dos diagnósticos de enfermedades alimentarias más populares. También hay evidencia de que podría ayudar en la curación de alrededor del sesenta por ciento de las personas con anorexia, que se considera una de las enfermedades mentales más desafiantes para curar o prevenir.

1. Reducir los comportamientos adictivos y el abuso de sustancias

Los estudios han demostrado que la TCC es excelente para combatir la dependencia del cannabis y otras drogas, como el alcohol y la adicción a los opiáceos. También ayuda a la gente a dejar de fumar tabaco y a apostar. Los estudios publicados en el Oxford Journal of Medicine Public Health sobre las soluciones para dejar de fumar también han encontrado que las habilidades de trabajo adquiridas durante los períodos de la TCC fueron tremendamente útiles para reducir las recaídas en las personas que dejan de fumar y parecen ser superiores a otros enfoques curativos. También hay un mayor apoyo a los procedimientos conductuales de la TCC (que ayudan a detener los impulsos) en el tratamiento de las adicciones problemáticas al juego en comparación con los métodos de control.

1. Ayuda a Mejorar la Autoestima y la Confianza

Incluso si nunca sufres de problemas mentales significativos en ningún aspecto, la TCC puede ayudarte a reemplazar los pensamientos dañinos y negativos que causan baja autoestima, con afirmaciones y expectativas positivas. Esto ayuda a abrir nuevas tácticas para manejar

INTELIGENCIA EMOCIONAL Y TERAPIA
CONDUCTISTA COGNITIVA

el estrés, mejorar las relaciones y aumentar el interés en probar cosas nuevas.

1. Te ayuda a ser más racional

El cerebro actúa esencialmente como un objeto neutro, dando una respuesta basada en la información a su disposición y también en la forma en que fue entrenado para responder. La terapia cognitiva entrena al cerebro para que actúe racionalmente.

En la TCC, se cree que nuestros pensamientos nos conducen a cómo nos sentimos, cómo nos comportamos y cómo manejamos las situaciones. Lo bueno de esto es que tenemos la oportunidad de cambiar la forma en que pensamos y actuamos correctamente, incluso si la situación no cambia.

La TCC ayuda a los pacientes a controlar el patrón de pensamiento que conduce a conductas irracionales. Las personas que se someten a un tratamiento de TCC se les enseñan estrategias con las que pueden sobrellevar mejor cada vez que surgen pensamientos negativos automáticos (ANT). La TCC ayuda a desarrollar formas de controlar el cerebro.

1. Aumenta la confianza en ti mismo.

La TCC ayuda a aumentar la confianza en ti mismo y funciona en tu sistema de creencias, por lo que obtienes un mejor control de tus pensamientos. Con confianza en ti mismo, serás capaz de enfrentar cualquier desafío que se te presente en tu camino hacia el éxito y el logro de tus metas.

1. Te ayuda a mantenerte calmado y relajado

La etapa inicial del aprendizaje sobre la terapia de la ansiedad social es idear una nueva forma de respuesta a la ansiedad. Con el tratamiento de la TCC uno no se asustará con la ansiedad ni con nada que suceda abruptamente a medida que nos acercamos a las cosas con mucha paz y tranquilidad. Nos enseña una mejor manera de manejar los diferentes tipos de situaciones que pueden surgir de una manera más relajada.

1. La TCC ayuda a aumentar tus expectativas, ya que esperas mejores resultados

Debido a nuestra historia pasada y a nuestras dudas sobre nosotros mismos, a menudo esperamos que nos sucedan cosas negativas. Siempre esperamos que las cosas nos salgan mal. La TCC trabaja en esos pensamientos y en tu sistema de creencias para que puedas empezar a actuar de manera más racional. A medida que nuestros pensamientos y acciones se vuelven más racionales, nuestras expectativas también resultan ser más lógicas como esperar que sucedan cosas positivas.

Con la TCC, nos vemos obligados a cuestionarnos repetidamente para determinar si nuestras viejas creencias son racionales o no. ¿Están basadas en hechos? Por otra parte, ¿son cosas que han sido nuestra costumbre durante años y que nunca hemos cuestionado? ¿Cuál es la verdad?

¿Ponemos atención a las respuestas de los demás o sólo prestamos atención a nuestras conclusiones negativas internas? ¿Hay alguna posibilidad de que hayamos caído en la trampa del auto-lavado de cerebro a través de los años?

Nuestros propios pensamientos negativos automáticos pueden reprocesarse en todo el cerebro. ¿Has encontrado una manera de detenerlos? ¿Has explorado la posible explicación de tus acciones y has pensado que podría no haber una razón justificable para sentirte temeroso y ansioso?

A medida que nuestro sistema de creencias es transformado por nuestros pensamientos y creencias que provocan cambios físicos en el cerebro. Una mejor manera de pensar nos lleva a esperar un resultado diferente, positivo. El pronóstico depende de lo que pienses sobre el mismo.

Otros beneficios de la terapia cognitivo-conductual incluyen:

- Prevenir la recaída de una adicción
- Resolver problemas en las relaciones
- Reconocer los pensamientos y emociones negativas
- Manejo del dolor crónico
- Manejo de la ira
- Habilidad para lidiar con el duelo y la pérdida
- Tratar los trastornos del sueño

Cómo funciona la Terapia Cognitiva Conductual

La TCC funciona identificando los pensamientos que surgen continuamente, utilizándolos como señales de actividad favorable y sustituyéndolos por alternativas saludables y mucho más fortalecedoras.

El corazón de la TCC es dominar las técnicas de autocontrol, ofreciendo a los individuos la capacidad de manejar sus reacciones/respuestas ante situaciones de manera lógica, alterar los pensamientos que se dicen a sí mismos y ejercitar la "autoconciencia lógica". Aunque esto ayuda al terapeuta/consejero de la TCC y a la persona afectada a desarrollar confianza y poseer una gran relación romántica, el poder reside en el control del individuo. La disposición de un paciente para explorar sus pensamientos, tener una mente abierta, completar tareas de investigación y la paciencia de la clínica a lo largo del curso de acción de la TCC, puede determinar cuán favorable será la TCC para estos pacientes.

Características que hacen de la TCC una herramienta eficaz

Método pragmático

Las técnicas y la teoría de la TCC se basan en el pensamiento racional, lo que significa que su objetivo es detectar y utilizar estos detalles. Incluso la "técnica inductiva" de la TCC anima a los individuos a examinar sus propias creencias y percepciones para ver si son realistas. Con la TCC, existe la premisa inherente de que se aprenden muchas respuestas conductuales y psicológicas.

Con la ayuda de los terapeutas de la TCC, los pacientes se dan cuenta de que sus premisas e hipótesis de larga data están parcialmente equivocadas, lo que reduce la ansiedad y el sufrimiento innecesarios.

Sentir emociones difíciles o debilitantes: La mayoría de los terapeutas de la TCC pueden ayudar a las personas a aprender a mantener la calma y la lucidez incluso si se enfrentan a situaciones no deseadas. Aprender a aceptar los sentimientos difíciles como "parte de la vida" es crucial, y puede ayudar a prevenir que uno desarrolle un mal hábito. Por lo general, nos alteramos ante nuestros fuertes sentimientos y nos sentimos más angustiados. En lugar de añadir auto culpabilidad, rabia, desesperación o decepción a los sentimientos ya existentes, la TCC instruye a los pacientes a aceptar con calma un problema sin empeorarlo aún más.

Cuestionar y expresar

Los terapeutas cognitivos conductuales suelen hacer muchas preguntas a los pacientes para ayudarles a obtener una perspectiva fresca y realista sobre el problema y también les ayudan a controlar cómo se sienten.

Agendas y Técnicas Definidas

La TCC se realiza generalmente en una sucesión de sesiones que poseen un objetivo, concepto o técnica particular que trabajan en conjunto. A diferencia de otros tipos de terapia, las sesiones no son exclusivamente para que el terapeuta y el individuo hablen abiertamente sin una agenda en mente. Los terapeutas de la TCC enseñan a sus pacientes la manera de manejar pensamientos y sentimientos desafiantes practicando técnicas particulares durante las sesiones que, más tarde, pueden ser implementadas en sus vidas cuando sean más necesitadas.

Terapia Cognitivo-Conductual vs. Otros Tipos de Psicoterapia

La TCC puede ser una especie de psicoterapia, lo que significa que requiere una discusión abierta entre el paciente y el terapeuta. Puede que conozcas otras formas de psicoterapia y te preguntes qué es lo que hace sobresalir a la TCC. A veces, cuando hay una superposición entre varios tipos de psicoterapia, un terapeuta podría utilizar técnicas de varios enfoques de psicoterapia para ayudar a los pacientes a alcanzar sus objetivos. Por ejemplo, para ayudar a cualquier persona con una fobia, la TCC puede combinarse con la terapia de exposición.

¿En qué se diferencia la TCC de otras formas populares de terapia?

La Alianza Nacional para las Enfermedades Mentales establece en qué se diferencia la TCC de otras formas populares de terapia:

TCC vs. Terapia Dialéctica Conductual (TDC)

La TCC y la TDC son los enfoques curativos más comparables; sin embargo, la TDC depende en gran medida de la validación o aceptación de pensamientos, sentimientos y comportamientos incómodos. Los terapeutas de la TDC ayudan a las personas a detectar el equilibrio entre la aceptación y el cambio desde el uso de aplicaciones como la meditación guiada de atención plena.

TCC vs. Terapia de Exposición

La terapia de exposición es un tipo de terapia cognitiva conductual que a menudo se utiliza para tratar los trastornos alimentarios, las fobias y las enfermedades antiinflamatorias. Enseña a los individuos a practicar estrategias tranquilizadoras y pequeñas series de "exposiciones" a los factores desencadenantes (temas que son los más temidos) para que no se preocupen tanto por el resultado.

TCC vs. Terapia Interpersonal

La terapia social se concentra en las relaciones que el paciente tiene con su familia, amigos y compañeros de trabajo. Centrarse en las interacciones sociales y reconocer patrones negativos como el aislamiento, los celos, la culpa o la agresión son parte de la terapia. La TCC puede emplearse con terapia social para ayudar a revelar creencias y nociones subjetivas que fomentan el comportamiento negativo.

Diario de la TCC

Escribir en un diario es la parte más importante de la TCC; esto podría ayudarte a:

- Practicar conversaciones equilibradas y acertadas.

- Aprender a cambiar y controlar las aberraciones y los pensamientos.

- Utilizar las autoevaluaciones para reflexionar y responder de forma sana.

- Aprender cómo puede comprender y evaluar con precisión conductas emocionales tales como situaciones y reacciones externas.

- A través de la utilización de diferentes métodos es posible aprender cómo puede vivir bien y equilibradamente tanto con su mente como con su cuerpo.

Una vez más, el tiempo que una persona pasa en el tratamiento suele ser menor en comparación con alguna otra terapia. Además, tenga en cuenta que la TCC no *curará* la depresión u otros problemas, sino que obtendrás un alivio medible mientras mejora tu vida diaria.

Capítulo 5: Trastornos, problemas médicos y emocionales que la TCC puede tratar

La TCC puede ser muy útil para muchos trastornos y problemas médicos y emocionales. Algunos de los más comunes serán discutidos en detalle en los capítulos siguientes. He aquí un breve resumen de algunos trastornos que la TCC puede tratar.

Trastornos de Pánico

La TCC ayuda a tratar el trastorno de pánico al hacer que el paciente se acerque a lo que más teme, estos períodos de exposición ayudan a cada individuo a aprender que también puede experimentar los síntomas de estar excitado sin tener que temer lo que vendrá después. El ejercicio interceptivo da espacio para que cada individuo enfrente las sensaciones que experimenta físicamente y que acompañan al pánico. Por ejemplo, la hiperventilación también puede introducirse durante las sesiones para ayudar a inducir el mareo o la sensación de mareo. Con la exposición imaginaria, el terapeuta lee guiones que se centran en los miedos de un individuo durante las sesiones una y otra vez hasta que haya una sensación de que los miedos personales se han reducido hasta cierto punto.

Con la Exposición in vivo, los miedos del individuo pueden reducirse drásticamente, permitiéndole evitar situaciones que podrían causar un ataque de pánico. En ciertas ocasiones, hay un conjunto de problemas desafiantes que se producen, y ese individuo sigue los pasos con la ayuda del terapeuta. Después, la actitud del individuo cambiará, permitiéndole buscar y enfrentar consistentemente cada situación difícil.

Depresión

La TCC también puede ayudar a la depresión al usar una técnica conocida como activación del comportamiento. Usando la activación del comportamiento, tanto el terapeuta como el paciente trabajan juntos para introducir nuevos eventos que son placenteros para la vida del individuo. Esto ayudará a cambiar el estado de ánimo de ese individuo evitando lo contrario, aumentando la confianza en sí mismo, aumentando su nivel de utilidad, la actividad física y, en última instancia, reduciendo los pensamientos negativos. La activación de la conducta contiene muchas conductas diferentes, las más comunes son las que producen actividades más placenteras y otras conductas que estresan a los individuos, como limpiar un apartamento desordenado, llamar a miembros de la familia distanciados, o declarar impuestos.

Trastorno de Déficit de Atención/ Hiperactividad (TDAH)

En condiciones normales, el tratamiento para la primera línea del TDAH son los medicamentos (psicoestimulantes). La mayoría de las veces, los medicamentos no son suficientes para muchas personas que tienen TDAH. El objetivo de la TCC para el TDAH es ayudar a muchas personas a cambiar sus habilidades de manejo para lidiar con sus síntomas y con los efectos funcionales y emocionales que se presentan en las personas que viven con el trastorno. Siempre se anima a los pacientes a dar ejemplos de la vida real de algunos problemas específicos y dificultades que enfrentan con el terapeuta para ayudar a encontrar la mejor solución. También es importante que el terapeuta y el paciente introduzcan algunos problemas que podrían llegar a surgir y hagan planes que ayuden a resolverlos.

Trastorno Obsesivo-Compulsivo (TOC)

El método preferido para el tratamiento actual del TOC es el tratamiento semanal de la TCC, que generalmente incluye ejercicios de ERP (exposición y respuesta/ritual de prevención). La exposición y la prevención de la respuesta connotan que el primer individuo es presentado a pensamientos, objetos, imágenes y situaciones que le causan ansiedad u obsesión (exposición). Los individuos entonces se oponen a tener un comportamiento compulsivo cuando se desencadenan las obsesiones o la ansiedad, eso es la prevención de la respuesta. Esto ayuda a detener o reducir las compulsiones.

Fobia Social/Ansiedad Social

El terapeuta que utiliza la TCC para ayudar a los pacientes a desarrollar una nueva forma de comportarse y pensar mediante la adopción de pensamientos realistas y positivos para cambiar todos los pensamientos malos y poco realistas. La reestructuración cognitiva es necesaria para aquellos individuos que se enfrentan a la ansiedad social, ya que están aprendiendo a cuestionar y desafiar cada verdad que hay detrás de sus creencias. Esto se puede hacer dando pruebas sólidas contra cualquier otra creencia que sea problemática en una conversación socrática. Los experimentos conductuales también son importantes ya que muestran a los individuos que los eventos desastrosos conocidos por creencias irracionales no siempre terminan sucediendo durante los períodos de ejercicios de exposición. Esto ayuda a explicar las mentiras sobre sus creencias.

Trastorno Bipolar

Ciertamente, la mayoría de los pacientes que sufren de trastorno bipolar están recibiendo medicamentos, la mayoría de las veces estabilizadores del estado de ánimo, y la evidencia inicial nos explica que la TCC es una terapia efectiva para la farmacoterapia. La TCC para el trastorno bipolar ejerce más fuerza sobre la regulación del estado de ánimo y la psicopedagogía. La psicopedagogía ayuda a educar a las personas sobre lo que es la enfermedad y sus consecuencias, sus efectos secundarios, las opciones de medicación, los síntomas, así como las primeras señales de alerta de los episodios. La TCC ayuda a los individuos a rastrear e identificar sus cambios de humor y a disminuir la reactividad emocional a través del ejercicio consciente, la respiración o el auto relajamiento (distracciones).

Trastorno de Ansiedad Generalizada (TAG)

La TCC es muy efectiva en el tratamiento del TAG; ayuda a disminuir no sólo los síntomas reales de ansiedad, sino también lo que se asocia con los síntomas depresivos, lo que mejorará la calidad de vida. Uno de los entrenamientos más efectivos para el TAG es lo que se conoce como entrenamiento de relajación. Durante las sesiones, los individuos deben aprender a reducir la tensión en los músculos y la respiración superficial, ya que se sabe que ambos causan ansiedad y estrés. Las dos estrategias que se utilizan comúnmente en la TCC son la respiración rítmica, que consiste en ser consciente de la reducción de la respiración y la relajación muscular progresiva, que implica sistemáticamente la tensión y la relajación de diferentes grupos musculares. Hay otros métodos de relajación útiles que pueden ser utilizados, entre los que se incluyen la meditación, escuchar música, masajes y yoga.

Esquizofrenia

La TCC se ha recomendado ahora como un tratamiento para la esquizofrenia y se puede utilizar junto con medicamentos. Al usar la TCC, los individuos llegan a saber que hay un vínculo que conecta sus sentimientos y patrones de pensamiento que subyacen a su malestar. También se enfoca en disputar e identificar las creencias irracionales del paciente a través de experimentos de comportamiento y ciertos descubrimientos.

La TCC puede ser útil para ayudar a los pacientes en todos los aspectos para que puedan validar sus creencias. Este tipo de experimentos suelen animar a los pacientes a ser activos, lo que finalmente conduce a una comprensión más profunda.

Bulimia Nerviosa

La TCC es el tratamiento más utilizado para la bulimia; la enfermedad en su centro se preocupa por la forma del cuerpo y el peso, lo que conduce a dietas excesivas y conductas que son controladas por la imagen corporal. Las dietas excesivas también hacen que uno sea susceptible a una alimentación rápida; el tratamiento de la TCC se centra en mejorar la motivación para el cambio, cambiar la dieta a una flexible y regular, y reducir sus preocupaciones sobre el peso, previniendo la recaída y la preocupación por la silueta corporal. La TCC también ha demostrado ser más eficiente y aceptable que los medicamentos antidepresivos para destruir el consumo excesivo de alimentos; se espera que la TCC elimine los excesos alimenticios y las purgas en casi el 30-50% de los casos, lo que disminuye el nivel de otros síntomas psiquiátricos y mejora el funcionamiento social y la autoestima.

Miedo a Volar/Fobia a Volar

La TCC también es muy efectiva para el tratamiento de muchas fobias, la fobia a volar es una queja muy común que la TCC puede tratar eficientemente. La psico-educación es uno de los componentes más importantes utilizados durante la TCC, y esto se suele añadir al entrenamiento cognitivo y a las técnicas de relajación. La exposición imaginaria también es muy útil; puede ayudar a los pacientes a pensar en situaciones en las que están en un avión, o en cualquier otra circunstancia que pueda ayudar a inducir el miedo, esto tratará de aumentar su ansiedad durante un corto período de tiempo. Sin embargo, una vez que están pensando en lo mismo una y otra vez, su ansiedad disminuye cada vez más y esto les ayudará a manejar mucho mejor las situaciones de la vida real que son mucho más profundas. El desarrollo reciente en el tratamiento de la fobia a volar es la exposición a la realidad, donde los individuos están expuestos a sus miedos a través de una simulación 3D por computadora. Esto ayudará a crear un entorno real, el mismo principio de estar expuesto funciona técnicamente de la misma manera.

Existen varios otros trastornos para los cuales la TCC puede ser utilizada; también discutiremos algunos de ellos en detalle en los capítulos siguientes.

Capítulo 6: TCC para la Depresión

La vida puede ser divertida a veces; y a veces, te sientes abatido. Cuando estás deprimido o sientes que la vida está en tu contra es lo que cualquier otra persona siente en el mundo de hoy. Más de 14,8 millones de adultos en los EE.UU. están afectados por un trastorno depresivo mayor según la Asociación de Ansiedad y Depresión de los Estados Unidos.

La depresión puede ser grave, ya que impide el funcionamiento "normal", lo que significa tanto que simplemente se puede pasar el día estando totalmente abrumado, y luego se puede recurrir al alcohol y a las drogas para aliviar el malestar. Cuando estás deprimido, es como si el mundo se estuviera derrumbando, sólo debes saber que existe una salida y que no hay necesidad de que sigas sufriendo.

La TCC para la depresión comienza por prestar mayor atención a la reducción de los síntomas de la depresión a través de técnicas cognitivas y conductuales destinadas a detectar y desafiar los pensamientos automáticos dañinos.

Una vez que ha habido una reducción significativa en el síntoma de la depresión, los individuos que practican la TCC pueden entonces ser capaces de concentrarse en cómo pueden prevenir que ocurra en el futuro.

La terapia cognitiva conductual para personas deprimidas puede ayudar a restaurar el entusiasmo que tienes por el mundo en el que vivimos; puede ayudarte a pensar de una manera más saludable y a vencer una adicción. Sin embargo, antes de entrar en detalles sobre lo que es la TCC y cómo puede ayudar a tratar la depresión, es muy importante conocer los tipos principales de depresión.

Tipos de Depresión

Trastorno Depresivo Persistente

Esto también se conocía anteriormente como distimia; es un tipo de depresión que la mayoría de las veces continúa durante dos años. Generalmente, esto es mucho más severo que la depresión mayor, pero experimentarás síntomas similares. El Trastorno Depresivo Persistente también se muestra como estrés, incapacidad para disfrutar de la vida e irritabilidad.

Depresión Mayor o Grave

Esto implica sufrir de síntomas depresivos (5 o más) durante unas dos semanas; los episodios depresivos mayores son incapacitantes. Puede interferir con tu capacidad de trabajar, dormir, comer y estudiar. Este tipo de episodios sólo ocurren durante unos pocos períodos a lo largo de la vida, después de una terrible experiencia como la muerte de un miembro de la familia o la pérdida de alguna relación.

Depresión Bipolar

Este tipo de trastorno depresivo muestra cuando tu vida está en un período de ciclos de cambio de estado de ánimo que incluye altos (hipomanía o manía) y bajones depresivos.

Ahora ya eres consciente de los principales tipos de trastornos de depresión, lo común que puede ser y los síntomas; es bueno saber que existe un tratamiento efectivo para la depresión. La TCC es uno de los tipos de psicoterapia que cambia tu patrón de pensamiento; también ayuda a cambiar tus estados de ánimo y conductas. La terapia se origina a partir del trabajo de Aaron T. Beck y Albert Ellis en 1950-1960. En términos generales, el CBD es un tratamiento para la depresión que combina la terapia cognitivo-conductual en la que el terapeuta ayuda a identificar un mal patrón en particular, y tu comportamiento en respuesta al estrés y a las circunstancias desafiantes.

Signos y Síntomas de Depresión

Si tienes alguna preocupación sobre la depresión, hazte estas preguntas para saber si podrás identificarte con alguno de los siguientes síntomas:

- Falta de interés en las cosas que normalmente disfruta

- Pensamientos negativos incontrolables

- Irritabilidad, mal genio y agresión

- Comportamiento imprudente

- Sentimientos de impotencia y desesperanza

- Cambios en el apetito, como comer mucho menos o demasiado

- Odio a sí mismo; un sentimiento de ser insignificante y culpable

- Usar drogas ilegales o recetadas en exceso

- Cansancio antinatural

- Beber más alcohol de lo habitual

- Dolores y molestias inexplicables que también incluyen dolores de estómago, espalda, músculos adoloridos y dolores de cabeza.

Si respondes a una o más de estas preguntas, es posible que estés deprimido y que la terapia cognitivo-conductual te pueda ayudar.

Ir por una TCC a causa de la depresión puede ser desalentador. Sin embargo, aquí hay una pequeña guía de lo que involucrará, así que prepárate:

Terapia

Es posible que quieras reunirte con tu terapeuta por un plazo de 5 a 20 períodos semanales o quincenales. En general, las sesiones pueden durar entre 30 y 60 minutos, durante todo el comienzo de 2 a 4 sesiones; tu terapeuta sabrá si eres realmente adecuado para el tratamiento o si te sientes cómodo con él. Un terapeuta puede preguntarte sobre tus antecedentes o tu pasado, la TCC también se centra en lo que es el presente, pero a veces, puede ser imperativo abrirse sobre tu pasado y cómo te afecta en el presente. Tú decides exactamente lo que necesitas y qué tan bien quieres lidiar con ello, junto con tu terapeuta.

El Trabajo

Con el apoyo de tu terapeuta, cada problema que tienes se divide en diferentes partes. Para ayudarte con eso, es posible que te pidan que lleves un diario para ayudarte a identificar cada una de tus emociones, modos personales y sentimientos físicos. Ambos observarán los comportamientos, pensamientos y sentimientos para ver cómo se están afectando mutuamente y cómo también podrían afectarte a ti. Si no son realistas o útiles, tu terapeuta podría encontrar una manera de cambiar cualquier negatividad. El terapeuta también podría darte "tareas" que implican practicar cómo identificar los cambios que necesitarás hacer todos los días en tu vida. Durante el tiempo de cada reunión, tendrás más oportunidades para hablar sobre tu progreso desde la última reunión; si hay una tarea específica que no está funcionando para ti, deberías discutir tales asuntos. Es posible que nunca puedas hacer las cosas que te gustan hacer; también puedes dictar el ritmo de tu terapia y también puedes seguir desarrollando tus habilidades cuando las sesiones hayan terminado. Esto te permitirá permanecer feliz por muchos años.

¿En qué se diferencia la terapia cognitiva conductual (TCC) de otros tratamientos para la depresión?

El método y el enfoque general de la terapia cognitivo-conductual es algo diferente de muchos otros tratamientos más tradicionales para la depresión. Por ejemplo, la terapia cognitiva conductual: Modifica comportamientos en el presente inmediato mientras cambia tus patrones de pensamiento.

La TCC trata principalmente tus pensamientos problemáticos y conductas indeseables.

- Se fijan metas claras para cada sesión y a largo plazo, es decir, es una terapia orientada a las metas.

- La TCC es educativa. Controlas tus pensamientos y sentimientos, y luego los pones por escrito. El terapeuta también te enseñará habilidades esenciales para sobrellevar las situaciones, tales como la resolución de problemas.

- Te hace jugar un papel activo en tu aprendizaje y recuperación. También podrás completar tareas que serán revisadas al principio de la siguiente sesión.

- La TCC emplea múltiples estrategias, incluyendo juegos de rol, descubrimiento guiado y experimentos de comportamiento.

- La TCC tiene un tiempo limitado.

Cómo la terapia cognitiva conductual puede ayudar con la depresión

Todos somos conscientes de lo debilitante que puede ser la depresión. La depresión es una condición extremadamente común. La enfermedad tiene un impacto negativo en tu vida, así como en la vida de tu familia y amigos. Puede afectar en gran medida a tus empleadores y compañeros de trabajo.

La depresión ha tenido un impacto negativo en el funcionamiento general de la sociedad como conjunto. Por ejemplo, es un hecho que la enfermedad impone una carga financiera sobre ti, el que la padece, así

INTELIGENCIA EMOCIONAL Y TERAPIA CONDUCTISTA COGNITIVA

como sobre tu familia, tu cuidador, tu empleador y tu compañía de seguros.

La TCC puede garantizar una nueva oportunidad de vida si estás pasando por una depresión. Por el contrario, si padeces una depresión mayor severa, la TCC, administrada junto con otros medicamentos, es un tratamiento muy efectivo o eficiente.

Pensar negativamente puede retrasar la recuperación de la depresión, y la razón es evidente: Si tienes pensamientos negativos, es más probable que te mantengas deprimido. Pero lo que es menos obvio es la manera en que las personas con depresión manejan sus emociones positivas. Los investigadores han hecho una observación asombrosa: Las personas con depresión nunca carecen de emociones positivas; nunca se permitirán sentirlas.

Este estilo cognitivo se conoce como "amortiguamiento" e implica suprimir las emociones positivas con pensamientos como "este buen sentimiento no durará," "no merezco ser tan feliz." Por ejemplo, una nueva madre con depresión posparto podría empezar a dudar de sí misma y de su capacidad para recuperarse porque es una mala madre por estar deprimida en primer lugar.

El pesimismo defensivo hace que las personas con depresión piensen de esta manera. Trata de proteger en contra de que se desvanezcan las grandes esperanzas. "Nunca quieres ser el tonto, así que recurres a amortiguar los pensamientos positivos para protegerte de una posible decepción."

Se cree que la TCC ayuda significativamente con el tratamiento de la depresión. Con la TCC, tú y tu terapeuta trabajan mano a mano, es decir, juntos, para llegar a un acuerdo sobre los patrones de comportamiento que necesitan ser cambiados. El propósito o la meta es recalibrar la parte de tu cerebro que trata de controlar tanto los pensamientos felices.

Una reacción imprevista a un evento importante de la vida puede ser la raíz del efecto amortiguador. A través de la TCC, tú y tu terapeuta la abordan y trabajan para ponerla en perspectiva.

Las sesiones regulares de terapia cognitiva conductual y el trabajo que la gente realiza en ellas ayudar a reforzar los nuevos patrones. Reconocer esos pensamientos negativos y dejarlos atrás puede ser muy liberador.

Técnicas de terapia cognitiva conductual para contrarrestar los pensamientos negativos de la depresión

Las personas con depresión no responden bien al autoestudio. Por esta razón, se recomienda comprometerse con la TCC durante al menos siete semanas. Tu terapeuta te enseñará estrategias que pueden ayudar a frustrar o contrarrestar los pensamientos negativos asociados con la depresión. Él o ella también pueden ayudarte a permanecer en el buen camino con la práctica de las técnicas.

Aquí está la lista de estrategias de TCC en las que puedes trabajar con tu terapeuta:

1. Localiza el problema y haz una lluvia de ideas o investiga las soluciones.

Hablar y escribir en un diario con tu terapeuta puede ayudarte a descubrir la raíz de tu depresión. Una vez que tengas alguna idea o impresión, escribe lo que te está molestando y piensa en maneras de mejorar la situación.

Un rasgo distintivo de la depresión es la desesperanza, no creer que las cosas puedan mejorar. Anota listas de cosas que se pueden hacer para mejorar una situación y esto ayudará a aliviar los sentimientos depresivos. Por ejemplo, si estás luchando contra la soledad, los pasos a seguir

INTELIGENCIA EMOCIONAL Y TERAPIA CONDUCTISTA COGNITIVA

pueden consistir en unirte a un club local de acuerdo con tus intereses o en inscribirte en citas en línea.

1. Escribe auto declaraciones para contrarrestar los pensamientos negativos.

Después de encontrar los problemas de raíz de tu depresión, piensa en todos los pensamientos negativos que usas para amortiguar los positivos. Escribe una auto afirmación para contrarrestarla con cada pensamiento negativo. Siempre anota tus auto-afirmaciones y repítelas cuando notes que la vocecita en tu cabeza se te acerca para apagar un pensamiento positivo. Muy pronto, crearán nuevas asociaciones, reemplazando todos los pensamientos negativos con pensamientos positivos.

1. Las autoafirmaciones no deben ser demasiado positivas o de lo contrario la mente podría tener dificultades para aceptarlas.

Por ejemplo, si el pensamiento negativo dice: "Me siento tan deprimido ahora mismo", en lugar de decir: "Me siento realmente feliz ahora", sería mejor reformularlo de la siguiente manera: "Toda vida experimenta altibajos, y la mía también". Esto te dice que está bien aumentar el grado o la tasa de felicidad que experimentas. Al mismo tiempo, la mente se aplaude a sí misma por mantener la alegría y la felicidad bajo control para protegerse de la decepción. Es muy bueno reconocer esa parte de TI que está tratando de hacer algo saludable.

En algún momento, las auto afirmaciones se vuelven demasiado rutinarias y necesitan ser refrescadas. Repite tus auto afirmaciones o tradúcelas a cualquier idioma que hables, tal vez podría hacer surgir un poco tus sentimientos de felicidad. Por ejemplo, la auto afirmación, "Es muy bueno explorar mis sentimientos positivos", podría convertirse en "Es bueno tener un día súper bueno".

Si tienes una pareja o un ser querido que sufre de depresión, existe la posibilidad de que la TCC los trate eficazmente dependiendo de la gravedad. Además, podrías enfrentar el desafío de que tu ser querido se sienta renuente a buscar ayuda para la depresión.

La manera ideal de levantar el ánimo de esa persona para asistir a una sesión de TCC es discutir con calma sus temores y preocupaciones acerca de ir a la sesión, en lugar de decirles que tienen que ir. Muéstrales preocupación y apoyo y asegúrales que no piensas que algo anda mal con ellos; en vez de eso, sólo quieres que obtengan ayuda para que puedan enfrentar su desafío actual.

A veces, las personas deprimidas quieren ayuda pero no tienen ni idea de qué hacer ni por dónde empezar. Al ofrecerte a acompañar a visitar a un terapeuta para programar una cita, pueden mejorar sus posibilidades de comprometerse con la TCC.

Capítulo 7: TCC para la Ansiedad

La TCC se utiliza principalmente en todas partes como terapia para los trastornos de ansiedad; se han realizado muchas investigaciones para demostrar la eficacia de este tratamiento de las fobias, los trastornos generalizados y el trastorno de pánico, entre otras muchas afecciones probables. Esto examina los terribles patrones y aberraciones en la forma en que vemos el mundo y a nosotros mismos en general, tal como su nombre lo indica, involucra dos categorías;

1. **Terapia Conductual:** Esto profundiza en cómo puedes reaccionar y comportarte en circunstancias que provocan ansiedad.
2. **Terapia Cognitiva:** Ésta observa cómo los malos pensamientos o cogniciones se suman a la ansiedad.

La proposición fundamental de la TCC es que son nuestros pensamientos y no lo que sucede externamente lo que afecta cómo nos estamos sintiendo, es decir, no es exactamente la circunstancia que estás sintiendo ahora mismo la que determina la percepción de esa situación en particular. Por ejemplo, digamos que te han invitado a una fiesta en algún lugar. Veamos las diferentes maneras de ver la invitación y cómo este pensamiento puede afectar tu estado emocional.

Situación 1: Un amigo te invita a una gran fiesta

Pensamiento 1: La fiesta suena como que va a ser muy divertida, estoy emocionado de salir y conocer gente nueva.

Emociones: Tranquilidad, entusiasmo.

Pensamiento B: Las fiestas no son lo mío, prefiero quedarme a ver películas.

Emociones: Neutral.

Pensamiento C: No sé qué decir o cómo actuar cuando estoy en una fiesta, probablemente haré el ridículo si voy.

Emociones: Infeliz, ansioso.

Ahora sabes que un tipo de evento puede resultar diferente para personas con diferentes tipos de emociones. Todo depende fuertemente de las expectativas, creencias y actitudes de cada individuo. Para este tipo de personas con trastornos de ansiedad, los terribles patrones de pensamiento evocan las terribles creencias y pensamientos. Esta concepción se produce cuando cambias tu manera de pensar, y también puedes cambiar la manera en que te sientes.

Técnicas cognitivas conductuales que necesitarás para vencer la ansiedad

1. La capacidad de reconocer los pensamientos negativos persistentes

La cavilación es cuando te molesta una y otra vez un pensamiento preocupante cuando piensas en los problemas; disminuye tu capacidad para resolver cualquier problema. Si estás constantemente cavilando, es mejor esperar pacientemente para resolver el problema primero en vez de esperar a que el problema ya no tenga solución y luego comenzar a cavilar sobre él.

Si puedes aprender a reconocer cuando estás cavilando, entonces es apropiado que utilices métodos cognitivos de conducta o que estés muy presente para que te ayuden a detener el acto de cavilar inconscientemente. Lo mejor que puedes hacer cuando te encuentres cavilando es aceptar que estás teniendo el pensamiento que sea en ese momento, y aceptar que puede estos pensamientos no sean ciertos, pero aun así permite que esos pensamientos pasen rápidamente en su propio tiempo en lugar de bloquearlos.

1. La habilidad y la voluntad de usar técnicas conscientes

Las técnicas de atención también ayudan a disminuir la ansiedad y luego a aumentar la fuerza de voluntad, la práctica de mantenerte pre-

INTELIGENCIA EMOCIONAL Y TERAPIA
CONDUCTISTA COGNITIVA

sente te ayudará a reducir la evasión, a hacer otra mejor elección incluso cuando los sentimientos son ansiosos, y esto te ayudará a reducir la cavilación. Prueba el ejercicio de caminar 10 minutos prestando atención.

1. La capacidad de tolerar la incertidumbre

La investigación ha demostrado que no soportar la incertidumbre es uno de los factores significativos de la ansiedad y la depresión. No soportar la incertidumbre es tener ansiedad y es cuando no estás 100% seguro de que un evento negativo no sucederá. Las personas que no son capaces de tolerar la incertidumbre a menudo se mantienen alejadas de situaciones como la búsqueda de consuelo, retrasan la toma de acciones, se niegan a delegar, hacen comprobaciones excesivas y postergan las cosas.

1. Capacidad de reconocer las distorsiones de los pensamientos

Diferentes tipos de anomalías del pensamiento incluyen la disminución de la propia capacidad personal para sobrellevar la situación, la lectura personalizada de la mente, juzgar a otras personas o a uno mismo, hacer demasiados pronósticos negativos, tomar a cada persona como blanca o negra en lugar de gris, pensamientos relativos al derecho inherente que tiene la persona (por ejemplo, pensar en reglas normales que no deberían aplicarse) y muchos más. La clave principal es saber que la aberración del pensamiento es cuestionarte cuando tienes sentimientos de depresión. También puedes intentar hacer un Registro de Pensamientos en la TCC.

1. La capacidad de hablar contigo mismo amablemente sobre tus imperfecciones y errores

Criticarte a ti mismo cuando intentas algo y cometes un error, o cuando tus imperfecciones aparecen, puede llevarte a la cavilación y a evitar sobrellevar la situación. Los estudios nos han demostrado que cuando hablas contigo mismo, no sólo te hace sentir mejor, sino que también aumenta tu autoestima y mejora tu motivación.

Pensamientos desafiantes en la TCC para la ansiedad

La reestructuración cognitiva, también conocida como pensamiento desafiante, es una serie de pasos que ayudan a confrontar las formas de pensamiento erróneas que la mayoría de las veces contribuyen a la ansiedad y luego cambiarlas con pensamientos más realistas y positivos. Esto toma unos tres pasos;

- Reemplazar los pensamientos negativos por pensamientos realistas

Una vez que conozcas las aberraciones irracionales y negativas en tus pensamientos, entonces podrás cambiarlas con pensamientos nuevos y positivos. Tu terapeuta puede idear una afirmación tranquilizadora y realista que siempre puedes decirte a ti mismo cuando estás previniendo o enfrentando una circunstancia que aumenta tu nivel de ansiedad.

- Identificar tus pensamientos negativos

Con los trastornos de ansiedad, se sabe que algunas situaciones son mortales, más de lo que se sabe, por ejemplo, para alguien con fobia a los gérmenes, estrechar las manos de otra persona puede parecer amenazador. Aunque podría ser posible que veas que es un miedo irracional, conocer tus pensamientos personales irracionales y espantosos puede ser muy difícil. Una manera es preguntarte a ti mismo sobre lo que estás pensando cuando estás ansioso. Tu terapeuta personal puede ayudarte con este proceso.

INTELIGENCIA EMOCIONAL Y TERAPIA CONDUCTISTA COGNITIVA

- Desafiando tus pensamientos negativos

Usando este método, tu terapeuta puede ayudarte a aprender a examinar los pensamientos que provocan ansiedad; esto también involucra preguntar sobre los hechos de tus pensamientos amenazantes, poner a prueba la verdad sobre el pronóstico negativo y analizar las creencias que no te están ayudando. Los métodos utilizados para desafiar los pensamientos negativos implican sopesar los pros y los contras de la preocupación, llevar a cabo experimentos o mantenerte alejado de las cosas que temes y saber que la posibilidad real de que aquello por lo que has estado ansioso de repente ocurrirá.

Para saber cómo funcionan estos pensamientos desafiantes durante la TCC, hay que entender el siguiente ejemplo: María no tomará el metro sólo porque tiene miedo de desmayarse y luego la gente puede pensar que está loca. Su terapeuta le dijo que anotara sus terribles pensamientos, las aberraciones cognitivas, o que identificara cuál es el error en lo que ella piensa y que luego hiciera una interpretación que fuera racional. Los resultados se exponen a continuación;

Desafiando los Pensamientos Negativos

Pensamiento Negativo A: ¿Y si me desmayo en el metro?

Aberraciones Cognitivas: Predecir lo peor.

Pensamientos más realistas: Nunca me he desmayado antes, así que no es seguro que lo haré

Pensamiento Negativo B: Una vez que me desmaye, todo saldrá mal.

Aberración cognitiva: Exagerar las cosas

Pensamientos más realistas: Si me desmayo, volveré en unos minutos. Eso será terrible.

Pensamientos Negativos C: La gente podría asumir que estoy loca

Aberraciones Cognitivas: Llegar a conclusiones precipitadas

Pensamientos más realistas: Es más probable que la gente se preocupe si me encuentro bien.

Cambiar los pensamientos negativos con un pensamiento más realista es mucho más fácil de decir que de hacer. A menudo, los malos pensamientos son parte de las formas de pensar de toda la vida; esto implica hacer trabajo extra para romper ese hábito. Esa es una de las razones por las que la TCC es una práctica individual y en casa también. La TCC también implica;

• Confrontar tus miedos (ya sea en la vida real o imaginarios).

• Aprender a saber cuándo ya te estás sintiendo ansioso y cómo se siente eso en tu cuerpo.

• Aprender a lidiar con las habilidades y los métodos de relajación para contrarrestar el dolor y la ansiedad.

Terapia de exposición para la ansiedad

La ansiedad no es una experiencia favorable, por lo que es mejor mantenerse alejado de ella naturalmente si puedes, uno de los métodos que la mayoría de las personas utilizan es mantenerse alejado de aquellos problemas que los hacen sentir ansiosos. Si tienes miedo a las alturas, puedes tratar de conducir durante horas para evitar cruzar un puente muy alto, o si el miedo a hablar en público te pone los pelos de punta, también puedes saltarte la boda de tu mejor amigo sólo para evitar hacer un brindis. Pero aparte del hecho de que podría no ser conveniente, no tendrás la oportunidad de superar esos miedos.

La terapia de exposición, como su nombre lo indica, implica que a través de la vulnerabilidad consistente, serás capaz de sentir un elevado sentido de control sobre cada circunstancia y entonces la ansiedad comenzará a reducirse. La exposición se puede hacer de una de dos maneras; es posible que quieras imaginarte un problema que te dé miedo para enfrentarte a una situación de la vida real. La terapia de exposición podría utilizarse sola o como parte de la TCC aplicada.

Desensibilización Sistemática

En lugar de hacer frente a tu mayor miedo de inmediato, lo cual pudiera ser traumatizante, en la terapia de exposición, por lo general se comienza con problemas que son sólo amenazas leves y se va incrementando a partir de ahí. Este método gradual también se conoce como desensibilización sistemática y te permite recuperar gradualmente tu confianza, desafiar tus miedos y dominar tus habilidades para dominar el pánico.

Enfrentar el miedo a volar

Paso A: Ver las fotos de los aviones

Paso B: Ver videos de aviones volando

Paso C: Ver cómo despegan los aviones reales.

Paso D: Reserva un boleto de avión

Paso E: Prepara las maletas para tu vuelo

Paso F: Conduce hasta el aeropuerto

Paso G: Regístrate para tu vuelo

Paso H: Espera para abordar

Paso I: Súbete al avión

Paso J: Toma el vuelo.

La desensibilización sistemática consta de tres partes;

Aprender habilidades de relajación

En primer lugar, tu terapeuta personal te explicará un método de relajación que incluye respiración profunda o relajación muscular que puedes practicar solo en casa o en la terapia. Inmediatamente, comenzarás a enfrentar tus miedos, y este método de relajación te ayudará a disminuir tu respuesta física a la ansiedad (como la hiperventilación y temblores) también estimulará la relajación.

Creación de una lista de pasos

La siguiente tarea es crear una lista de 10-20 circunstancias que podrían aumentar tu objetivo final, por ejemplo, si uno de tus objetivos finales es enfrentarte a tu miedo a volar, podrías resolver esto simplemente mirando las fotos de los aviones y terminando en un vuelo real. Cada paso debe ser lo más práctico posible, con un objetivo claro y medible.

Trabajando siguiendo los pasos

Con la ayuda de tu terapeuta, comenzarás a trabajar con la lista para que puedas permanecer en cada circunstancia de miedo hasta que tus miedos desaparezcan, así aprenderás que tus sentimientos pueden no herirte y que no se irán, cada vez que la ansiedad se vuelva demasiado extrema, aprenderás a utilizar la técnica de relajación que aprenderás. Inmediatamente, te habrás relajado de nuevo, podrás volver a prestar atención a la situación, de esta manera, trabajarás a través de los métodos hasta que hayas sido capaz de terminar cada paso sin sentirte totalmente incómodo.

Terapias complementarias para el Trastorno de Ansiedad

A medida que empieces a examinar tu trastorno de ansiedad personal en la terapia, es posible que también quieras experimentar plenamente con otras terapias complementarias que tienen como objetivo reducir tu nivel de estrés, ayudándote a lograr el equilibrio emocional.

- Los métodos de relajación como la meditación consciente, la relajación muscular progresiva, practicada con regularidad, pueden disminuir la ansiedad y aumentar tu bienestar emocional.

- La hipnosis se puede utilizar a veces junto con la TCC para la ansiedad, incluso cuando se está en un estado de relajación constante y profunda; el hipnoterapeuta utiliza varios métodos terapéuticos para ayudarte a enfrentarte a tus miedos y a verlos desde otro ángulo.

INTELIGENCIA EMOCIONAL Y TERAPIA CONDUCTISTA COGNITIVA

- El ejercicio es uno de los calmantes naturales de la ansiedad y el estrés. Las investigaciones han demostrado que incluso una pequeña sesión de ejercicio de unos 30 minutos, de 3 a 5 veces por semana, también puede proporcionar un mejor alivio de la ansiedad. Para lograr un mejor resultado, un máximo de una hora de ejercicio es suficiente en la mayoría de las ocasiones.

- La biorretroalimentación utiliza sensores que favorecen funciones fisiológicas específicas como la respiración, la tensión muscular y la frecuencia cardíaca, que se utilizan para explicar cómo responde tu cuerpo a la ansiedad y cómo aprender a controlarla mediante métodos de relajación.

Cómo hacer que la terapia para la ansiedad funcione para ti

No puedes apresurarte a arreglar los trastornos de ansiedad rápidamente, para superar la ansiedad realmente necesitas estar comprometido, y también toma mucho tiempo. La terapia también incluye confrontar tus miedos en lugar de mantenerte alejado de ellos, a veces, la mayoría de las personas se sienten peor antes de mejorar. Lo más necesario es acostumbrarse al tratamiento y seguir los consejos que te da tu terapeuta. Si te sientes desanimado con la forma en que te estás recuperando, sólo mantén en tu mente que la terapia para la ansiedad siempre es muy eficiente, y que seguramente obtendrás los beneficios si eres capaz de completarla.

También puedes dar todo tu apoyo a tu propio terapeuta de ansiedad tomando siempre buenas decisiones, todo lo que haces, desde tus actividades hasta tu vida social, afecta tu nivel de ansiedad. Siempre marca el ritmo del éxito haciendo un esfuerzo para permitir la relajación, una actitud mental positiva e incluso vitalidad en tu vida diaria.

- Adopta un estilo de vida que sea saludable, cuando se realizan actividades físicas, se reduce totalmente la ansiedad y la tensión, por lo que debes crear tiempo para hacer ejercicio regularmente. Asegúrate de no usar drogas o bebidas alcohólicas para controlar los síntomas y trata de mantenerte alejado de estimulantes como la nicotina o la cafeína, que pueden empeorar los trastornos de ansiedad.

- Aprende acerca de la ansiedad: Para que puedas superar la ansiedad, es muy importante que aprendas a saber dónde está el problema y ahí es donde realmente está la educación, sólo debes saber que sólo la educación no curará completamente un trastorno de ansiedad, sino que te ayudará a sacar más provecho de la terapia.

- Disminuye totalmente el estrés en tu vida, trata de observar tu vida durante el estrés y busca métodos para reducirlo. Mantente alejado de las personas que siempre te están haciendo sentir ansioso y que se rehúsan a tomar responsabilidad, dedica tiempo extra para divertirte y añadir relajación a tu horario diario.

- Cultiva tener las conexiones correctas con cualquier otra persona, estar solo y aislado hace que sea muy fácil ponerse ansioso. Reduce tu exposición a la ansiedad acercándote a la gente, haz que sea importante ver a tus amigos, únete a grupos de apoyo y comparte tus preocupaciones y angustias con tus seres queridos.

Capítulo 8: TCC para el miedo y las fobias

Ciertas personas inmediatamente forman una mentalidad negativa contra otros en lugar de animarse a conocer cosas positivas acerca de otras personas.

Hacer amistad con otras personas que trabajan en los mismos métodos contigo y tus amigos puede ser muy emocionante cuando tienes una mente positiva y cuando compartes las experiencias de todos los días. Aquí hay algunas maneras de usar la TCC para eliminar el miedo y la fobia.

1. Acepta la decepción como una parte normal de la vida.

Algunas circunstancias inesperadas son un aspecto de la vida y lo bien que respondas a ellas muestra lo rápido que avanzarás. Algunas personas podrían estar pasando por una ruptura y luego empezar a culparse por lo que pasó. Pensamientos como "¿de qué sirve lucir bien? Nunca conoceré a alguien como él/ella", es un ejemplo.

Plan de acción:

Trata tanto como puedas de entender que esos escenarios pueden estar fuera de tu control.

Trabaja en aquellas cosas que estén a tu alcance, escribe las cosas que sucedieron, la experiencia que obtuviste de ellas y las cosas que esperas poder hacer de otra manera en otro momento, vigila los malos pensamientos que siempre te vienen a la mente. Esto te guiará sobre cómo seguir adelante y sentirte bien al respecto.

1. Termina cada día visualizando la mejor parte.

Cuando termine el día, anota o escribe en un diario las cosas de tu vida por las que siempre estás agradecido, registra cada pensamiento positivo. Podrías incluso compartir tus pensamientos en línea; esto te ayudará a encontrar nuevos amigos o te mostrará mejores maneras de hacer las cosas.

Tratamiento para las fobias

Las fobias no necesitan ser tratadas hasta que tu miedo te impida realizar la tarea necesaria, trabajar o tener buenas relaciones. Por ejemplo, si decides vivir en los Estados Unidos y sabes que tienes miedo de los tigres, podrías decidir no visitar el zoológico; preferiblemente, deberías pasar más tiempo aprendiendo cómo tratar tus fobias. La mayoría de los tipos de trastornos de ansiedad tienen cura, lo que demuestra que no todos los tratamientos pueden funcionar para todos los tipos de fobia. Cuando estás buscando el tratamiento para un tipo particular de fobia, los métodos a utilizar por cada terapeuta pueden ser diferentes. A continuación, se incluyen algunas formas comunes de terapia para tratar las fobias.

Terapias cognitivas conductuales para las fobias

La Terapia cognitivo-conductual (TCC) te permite hacerte cargo de tus miedos ayudándote a cambiar gradualmente tu forma de pensar; su base fundamental son las conexiones entre los pensamientos, las conductas y las creencias. Una persona que tiene una fobia sabe que las situaciones que teme son realmente peligrosas. Por lo tanto, esto llevará a esa persona a desarrollar pensamientos negativos tan pronto como se enfrente a ese miedo. Esto puede significar que hay que modificar varios patrones para cambiar sus pensamientos.

Para superar esto con éxito, el terapeuta podría ser necesario primero para desarrollar un plan de tratamiento. Por ejemplo, si tienes miedo a los perros, el plan de tratamiento podría ser, primero, en tomarte un tiempo para leer todo sobre perros y ver películas sobre perros. Además, lleve a esa persona a un lugar donde se cuiden perros para demostrar que no son peligrosos.

Terapias de grupo para aliviar los miedos

La teoría de la Conducta Cognitiva es un tipo muy común de grupos que componen la terapia para las fobias, aunque hay varias formas de terapia que se pueden usar en este método. Algunas sesiones de TCC para la fobia pueden ser en forma de seminarios que pueden durar una hora o varios días. Por ejemplo, las personas con fobia a las alturas o a volar pueden reunirse en el hotel del aeropuerto para una breve reunión durante el fin de semana. En esta reunión, podrán participar en combinaciones de sesiones de vulnerabilidad y clases de psicopedagogía en el aeropuerto.

Terapia Individual

La terapia individual hace posible que el terapeuta y el individuo se enfoquen apropiadamente el uno en el otro, construyendo una amistad sólida y trabajando juntos para resolver el problema. Sin embargo, las terapias relacionadas y el psicoanálisis pueden progresar durante meses o incluso muchos años, mientras que las terapias a corto plazo como la TCC pueden producir resultados en muy pocas sesiones.

Terapia Familiar

Si el terapeuta descubre que la familia también puede contribuir al desarrollo de fobias, es posible sugerir a la familia parte de los planes de terapia. Un ejemplo muy común es la aplicación de la terapia familiar que permite la comunicación entre otros miembros de la familia. La terapia familiar es un plan muy común para los niños que tienen fobias.

Capítulo 9: TCC para los hábitos inadaptados o malos hábitos

Las conductas inadaptadas se refieren a aquellas conductas que refrenan tu capacidad de mejorar en situaciones saludables específicas. Te impiden hacer frente a las demandas y el estrés asociados con la vida. A menudo, se utilizan para detener la ansiedad; las conductas inadaptadas conducen a resultados no productivos y disfuncionales, que son más perjudiciales que útiles. Las conductas inadaptadas pueden ser clasificadas como disfuncionales, ya que brindan al malestar asistencia a corto plazo pero no afrontan la ansiedad a largo plazo. Estas conductas no son productivas ya que no están haciendo nada para prevenir el problema y esto puede significar una dificultad subyacente.

Algunas conductas inadaptadas conocidas están relacionadas con el trastorno de pánico, y entre ellas se encuentran:

La Evasión

Para muchas personas, los síntomas que obtienen del trastorno de pánico a menudo provocan un comportamiento evasivo. Esto puede llevar a la agorafobia, que es una complicación común que ocurre en el 25%-50% de las personas con trastorno de pánico. La agorafobia tarda poco tiempo en desarrollarse o puede aparecer rápidamente. Algunas de las personas que la padecen creen que el síntoma de agorafobia se produce inmediatamente después de su primer ataque de pánico. Inmediatamente se arraiga. Las conductas de evasión se multiplican rápidamente.

Abuso de sustancias

Las personas que tienen un trastorno de ansiedad, incluyendo también la agorafobia y el trastorno de pánico, a menudo consumen alcohol u otra sustancia como método para lidiar con la ansiedad y los miedos.

Las investigaciones han demostrado que las personas que tienen un trastorno de ansiedad son más propensas a tener un trastorno por abuso de sustancias o alcohol que las que no tienen un trastorno de ansiedad. El abuso del alcohol u otras formas de drogas para controlar la ansiedad y el estrés se clasifica como un comportamiento inadaptado, ya que proporciona muy poco alivio de la ansiedad y esto podría crear muchos más problemas. El abuso de sustancias o alcohol no soluciona ninguna dificultad a largo plazo; el abuso de drogas puede llevar a la dependencia, la tolerancia y, para algunas personas, a la adicción.

Retirarse o abandonar

Muchos retos de la vida no necesitan acciones continuas tanto mental como conductualmente; a menudo, luchamos y logramos el éxito, y también hay momentos en los que luchamos y aun así fallamos. Cuando lo segundo ocurre, es posible intentarlo de nuevo o retirarse de los conflictos aceptando nuestras situaciones. Cuando se trata de otros trastornos de ansiedad o pánico, retirarse no está en sintonía con la recuperación. Este es un comportamiento inadaptado porque significa que vamos a sucumbir a la enfermedad y luego no seremos capaces de enfrentarnos a los desafíos de la vida. En realidad, ¡retirarse significa darse por vencido!

Convertir la ansiedad en ira

Es natural que aquellos que están lidiando con agorafobia, trastorno de pánico u otro trastorno se frustren fácilmente debido a sus condiciones.

A veces, esta frustración lleva a la ira hacia ti mismo, hacia la gente, y por lo que estás pasando en el presente.

    Este tipo de ira existe en la ansiedad, y se asemeja a un sentimiento fuerte que es natural en la experiencia humana. Todo el mundo se ha sentido enojado en un momento u otro y enojarse no es algo malo. Pero, cuando experimentas enojo de manera poco saludable, se convierte en un problema por el hecho de que la ira tiene una forma de aumentar tu ansiedad y hace que tus síntomas de pánico empeoren mucho más. Una cosa interesante es que la TCC trabaja para controlar tu enojo y ayudarte a encontrar maneras de adaptarte a tu ansiedad.

Capítulo 10: TCC para la obsesión y el TOC

Una gran base de datos verifica la eficacia de la TCC para el tratamiento del TOC mediante E/RP. Metodológicamente, los ensayos controlados para la TCC en niños y adultos reportaron que la tasa de éxito llegó al 85% (SOR: A). Lo que la calificó como éxito, es que la mayoría de los pacientes respondieron positivamente a la TCC, incluso si los síntomas permanecen, y hay una cura total, puede que no haya una limpieza completa.

La TCC es diferente a otras psicoterapias. Lamentablemente, el número total de profesionales de salud mental que están calificados y capacitados en TCC para el TOC es muy limitado, lo que también incluye tener información general sobre los métodos. La Obsessive-Compulsive Foundation (Fundación para el Trastorno Obsesivo-Compulsivo) registra que alrededor de 5 millones de estadounidenses que tienen TOC carecen de los medios para recibir terapia conductual. Muchos pacientes que son atendidos en las clínicas han pasado por terapias tradicionales (terapias de conversación) o psicodinámicas que no cuentan con mucha evidencia. Tales métodos tienen la fuerza de las recomendaciones (SOR) de C. Como resultado de esto, muchos individuos angustiados reciben un tratamiento incompleto que incluye medicamentos o psicoterapia sin TCC.

Tres aspectos de la TCC para el TOC

1. **Prevención de la respuesta:** Prevenir conductas compulsivas o rituales que puedan servir para disminuir o alejar la ansiedad.
2. **Terapia Cognitiva:** Entrenar a cada paciente para que conozca y evite las percepciones que provocan ansiedad.

3. **Exposición:** Plantear la circunstancia del paciente que provocará ansiedad relacionada con sus obsesiones. La exposición es sólo para que el paciente pueda enfrentar sus miedos y disminuir su respuesta a la ansiedad.

Prevención de la respuesta

Esto implica aconsejar al paciente que desista de participar en las mismas prácticas continuas o compulsiones que consumen mucho tiempo. Esta parte se basa fundamentalmente en la creencia de que los rituales sirven para disminuir la ansiedad y por lo tanto se refuerzan. Normalmente, la E/RP provoca ansiedad en la mayoría de los pacientes, y como resultado de esto, puede ser importante hacerles saber que una circunstancia que ellos temen se dará con un enfoque jerárquico, comenzando con cosas mucho más fáciles antes de pasar a algo más difícil. Una vez que se han completado las tareas de E/RP se guía al paciente para evitar que ocurran las consecuencias de los miedos.

Terapia Cognitiva

Esto tiene en cuenta que los pacientes que tienen TOC tienen un razonamiento diferente que se sabe que conduce a la influencia, el desarrollo y el mantenimiento de su afección. Hay un tema común que se especifica dentro de la población que incluye la valoración del riesgo, por ejemplo, "la probabilidad de que una casa se queme con un cigarrillo es del 25%".

Una mayor actitud de responsabilidad a pesar del daño, por ejemplo: "Sé que las probabilidades de contraer el VIH por usar un inodoro público son muy escasas, pero no puedo estar seguro de que no lo contraeré". El TOC en la mayoría de los adultos también se ha relacionado con la forma en que se fusiona el pensamiento-acción, de manera que las malas acciones y los pensamientos son vistos como sinónimos. Estos pasos cognitivos no adaptativos a menudo hacen que el comportamiento sea compulsivo, y los pacientes con menos TOC pueden lidiar con los malos pensamientos, la parte cognitiva de la TCC aborda los problemas que hay detrás y expone las maneras en que el paciente puede mejorar su forma de pensar.

Exposición

Además, cuando la familia está involucrada en la TCC suele ser fundamental para su éxito. Los miembros de la familia también pueden ayudar a fomentar los síntomas de los pacientes alentando la evasión, lo cual inadvertidamente precede al crecimiento del trastorno participando en rituales (por ejemplo, permitiendo la evasión compulsiva de los estímulos que causen miedo y permitiendo demoras asociadas con la finalización del ritual). Teniendo en cuenta que, en ocasiones, la TCC da cabida a los padres, al cónyuge del paciente y a otras personas importantes.

Pasos para el TOC

El trastorno obsesivo-compulsivo se presenta en muchas formas, y esto seguramente va más allá de los conceptos erróneos comunes de que el TOC consiste en lavarse las manos repetidas veces o controlar los interruptores de luz. A pesar de que hay percepciones del TOC que son incapaces de reconocer los pensamientos perturbadores que se presentan antes de los comportamientos obsesivos, así como también podrían no reconocer el daño que la compulsión constante puede causar;

existen muchos tipos de TOC capaces de mejorar nuestros pensamientos sobre cualquier tema, miedo o persona, y a menudo son capaces de solucionar los problemas importantes de nuestra vida. Puede mejorar el pensamiento sobre cualquier tema, sobre cualquier temor, sobre cualquier persona, y a menudo fija lo que es importante en la vida de alguien. Por ejemplo, si la religión es muy importante para la persona, el TOC se fija en pensamientos perturbadores aleatorios que rodean a la religión o hacen que la persona que sufre sepa que sus pensamientos o acciones ofenderán a su Dios. Otro ejemplo es alguien que comienza una nueva relación, el TOC hace que la gente cuestione su sexualidad, sus sentimientos, lo que resulta en pensamientos intrusivos constantes, mientras que la persona que sufre puede llegar a preocuparse de que esté engañando a su pareja.

Aunque hay muchas formas de TOC; es probable que el TOC de alguien estará en uno de los cinco pasos principales, con temas que a menudo se extienden también entre estos pasos descritos.

1. Contaminación/Contaminación Mental
2. Simetría y Orden
3. Verificación Compulsiva
4. Acaparamiento
5. Pensamientos Intrusivos

Acaparamiento

El acaparamiento también está incluido en la lista y podría ser una compulsión del TOC si se produce por una razón obsesiva conocida. Sin embargo, algunos aspectos del acaparamiento ya no se consideran TOC y podrían representar una afección distinta y en estos casos se trataría de un trastorno relacionado con el acaparamiento.

Otro comportamiento obsesivo incluido en el TOC es la incapacidad para deshacerse de las posesiones dañadas o desgastadas, también conocida como "acaparamiento". El acaparamiento, conocido desde hace mucho tiempo como un tipo de trastorno obsesivo-compulsivo, se reclasificó correctamente en la revista 2013 de DSM-5 como una afección poco común. Sin embargo, el diagnóstico es complicado porque hay personas con Trastorno Obsesivo-Compulsivo que acaparan debido a temores o preocupaciones obsesivas y que pueden ser diagnosticadas con TOC en lugar de con un trastorno de acaparamiento.

Verificación Compulsiva

Existe la necesidad compulsiva de revisar, pero la fobia obsesiva podría ser de eliminar los daños, las fugas, el peligro o el fuego. Las preocupaciones y compulsiones obsesivas comunes incluyen:

- Recuerdos
- Alarma de la casa/oficina
- Grifos de agua
- Seguridad
- Perillas de estufas de gas o eléctricas
- Coche
- Cerraduras de puertas y ventanas
- Correos electrónicos o cartas
- Luces y velas de la casa
- Verificar con una cámara
- Aparatos eléctricos como planchas para el cabello
- Ruta de manejo y control del vehículo
- Relectura de textos
- Embarazo
- Enfermedades y afecciones
- VIH y SIDA
- Esquizofrenia
- Excitación sexual
- Artículos de valor como billeteras, teléfonos y bolsos.

La mayoría de las veces los chequeos se llevan a cabo varias veces, a veces cientos de veces, y esto puede durar una hora o incluso más, causando un gran impacto en la vida de la persona, su trabajo, vida social, escuela, y otras citas. Esto puede tener una fuerte influencia en la habilidad de una persona para mantener relaciones y trabajos, razón por la cual la frase dice "un poco de TOC" es ofensiva e incorrecta. Otro aspecto importante de controlar la compulsión es que a veces pueden dañar objetos que son persistentemente pinchados, tirados, o incluso demasiado apretados.

Contaminación

La fobia de estar sucio y la contaminación son preocupaciones que son obsesivas, a veces, el miedo es que la contaminación puede causar daño a un ser querido o a sí mismo. La compulsión común puede ser limpiar o lavar repetidamente, otras obsesiones y compulsiones relacionadas a la contaminación incluyen:

- Comer en lugares públicos
- Multitudes
- Dinero
- Baños públicos
- Estrechar manos
- Teléfonos públicos
- Cirugías/Hospitales
- Químicos
- Barandillas de las escaleras
- Baños
- Cepillarse los dientes
- Lugares
- Aire exterior

El lavado o la limpieza se realiza varias veces, a menudo seguido de rituales de repetir el lavado del cuerpo hasta que la persona sienta que está limpio, en lugar de que alguien sin TOC limpie o lave sólo una vez hasta que crean que ya están limpios. Esto puede tener una influencia seria en la capacidad de la persona para mantener relaciones y trabajos, y también hay un impacto en la salud física por el hecho de frotar y limpiar constantemente la piel, sobre todo las manos. Alguien podría restregarse hasta que le sangren las manos. Mientras que otros han llegado a bañarse en cloro o lejía.

Una persona también puede intentar, en la medida de lo posible, mantenerse alejada de lugares, objetos o incluso personas si tiene miedo a contaminarse. También hay implicaciones de costo debido a la compra y uso persistente de productos de limpieza, y también de artículos, en particular artículos eléctricos como teléfonos móviles, que se dañan debido a los daños causados por demasiados líquidos.

Contaminación Mental

Además, hay tipos más familiares de contaminación por el TOC que implican que alguien se lave las manos repetidamente después de entrar en contacto con posibles entornos u objetos sucios; también existe una forma menos conocida que se denomina "contaminación mental". Los investigadores apenas han comenzado a obtener una comprensión básica de la contaminación mental. Los sentimientos de contaminación mental comparten algunas cualidades importantes con la contaminación por contacto, ambas con características particulares. Los sentimientos de contaminación mental pueden producirse la mayoría de las veces cuando una persona se siente maltratada mentalmente, físicamente, a través de comentarios verbales abusivos o críticos. A veces es como si tendieran a sentirse sucios y esto crea un sentimiento de impureza interna, inclusive en la ausencia de cualquier contacto físico con un objeto dañino o sucio. Una característica de la contaminación mental es que la fuente es casi como la de la contaminación humana normal, que es causada por el contacto físico, pero la suya propia es causada por el contacto con objetos inanimados. Esto puede resultar en intentos compulsivos y repetitivos de limpiar la suciedad lavándose y duchándose, lo cual crea la semejanza con la contaminación tradicional; la mayor diferencia es que la sensación de contaminación no tiene que provenir necesariamente del contacto físico. A veces, hay una sensación de soledad con la contaminación mental.

Pensamientos intrusivos constantes

Las cavilaciones son una terminología que se utiliza para describir todos los pensamientos obsesivos intrusivos, definir este proceso probablemente ayude a fomentar la creencia de que sólo se trata de "un pensamiento profundo o conocido sobre cualquier cosa", pero esto es engañoso desde el punto de vista del TOC. En el contexto del TOC, la cavilación se trata de prolongar el pensamiento sobre un tema o pregunta, de una manera que no es productiva o no está dirigida. A diferencia de los pensamientos obsesivos, las cavilaciones no son molestas, por lo que muchas cavilaciones se basan en temas filosóficos y metafísicos, religiosos como la vida después de la muerte, la naturaleza de la moralidad, los orígenes del universo y muchos más.

Un ejemplo de esto es cuando una persona reflexiona sobre una pregunta que consume mucho tiempo: "¿Todo el mundo se ve bien?" Pensarán en esto durante un largo período de tiempo, repasándolo en sus mentes con diferentes argumentos, consideraciones y contemplando pruebas convincentes. Otro ejemplo es alguien que piensa en lo que sucederá cuando mueran y sopesará diferentes posibilidades teóricamente, visualizando cómo se vería el cielo o el infierno, u otros mundos, y tratará de pensar en lo que otros filósofos y científicos han discutido sobre la muerte. Con las cavilaciones, es probable que nunca se llegue a una solución o conclusión satisfactoria, y la persona parece estar profundamente arraigada, pensativa y también desapegada.

Preparando el camino para tu paciente

Antes de recomendar la TCC a un paciente, se deben hacer preguntas sobre el nivel de formación del médico (es mejor tener un doctorado o una PsyD). Además, se deben preguntar los métodos teóricos (cognitivo-conductual vs. otros, como humanístico o psicodinámico) y la experiencia de trabajo con pacientes que tienen TOC. Una de las preguntas que se deben hacer al conocer a un médico es: "¿Permitirás que tus pacientes sean vulnerables a situaciones que provocan rituales mientras intentas evitar que él o ella se sumerja en ellos?

¿Qué pueden esperar tus pacientes?

La TCC es una forma de tratamiento psicológico basada específicamente en la adquisición de conocimientos y reglas cognitivas. Normalmente, habrá 12-16 sesiones; aunque cada sesión individual es muy importante para determinar cuánto tiempo durará el tratamiento. El tratamiento se puede suspender cuando notes que hay un gran cambio en los síntomas durante al menos cuatro semanas seguidas. Más adelante, las sesiones de refuerzo oportunas son útiles para mantener los beneficios y prevenir las recaídas.

Capítulo 11: TCC para pensamientos intrusivos y TOC

En el contexto del TOC, la persona sufre mucho de pensamientos obsesivos que son repetitivos, perturbadores, horribles y ofensivos. Por ejemplo, los pensamientos que constantemente te vienen sobre lastimar a alguien que amas de una manera violenta, y esto no involucra una compulsión específica, se les denomina pensamientos intrusivos, y a menudo se les llama "O Pura".

Todos los que están vivos han tenido pensamientos intrusivos y, por supuesto, se ha demostrado que todos los que tienen TOC tendrán "pensamientos intrusivos" que pueden ser positivos o negativos. Pensar en ganar la lotería también es un pensamiento intrusivo, pero es sólo uno de los mejores. Desde el punto de vista del TOC, siempre se asume que los pensamientos no son repetitivos (constantes) y agradables, y también se acepta que cuando se habla del TOC, los "pensamientos intrusivos" son del tipo que se enumeran a continuación:

Pensamientos intrusivos en las relaciones

Los pensamientos intrusivos en las relaciones despiertan dudas sobre el nivel de una relación; la seguridad personal de la pareja es uno de los principales focos de los pensamientos que son obsesivos.

Los pensamientos obsesivos incluyen:

- Necesidad constante de buscar la reafirmación y la aprobación de la pareja.

- Dudas sobre la fidelidad de la pareja.

- Cuestionar la sexualidad propia y tener sentimientos, impulsos y pensamientos acerca de sentirse atraído por miembros del mismo sexo.

- Examinar constantemente la profundidad de los sentimientos de la pareja, poner bajo vigilancia a la pareja y a la relación y siempre encontrar fallas.

- El cuestionamiento constante, el análisis constante de la relación o de la pareja a menudo pone una tensión profunda en la relación y el resultado cuando la persona tiene TOC es que la persona puede romper la relación para detener la ansiedad y las dudas, lo que a menudo se repite con otros tipos de relación.

- La sospecha de infidelidad de otra persona.

Pensamientos sexuales sensibles

Los pensamientos sexuales sensibles son pensamientos que se obsesionan con causar daño que no se hace a propósito. Estos podrían ser pensamientos de dañar inapropiadamente a los niños sexualmente. No es intencional, o podría ser un pensamiento constante sobre alguien de una manera sexual.

El enfoque principal de los pensamientos sexuales obsesivos incluye: el cuestionamiento constante de cómo puede ser alguien y este es el enfoque principal de los pensamientos obsesivos. Estos pensamientos incluyen:

- Los pensamientos de tocar a un niño inapropiadamente.

- El análisis constante y el cuestionamiento de la capacidad sexual, o los pensamientos sobre la atracción hacia los niños, son las dos partes mentales más perturbadoras del TOC, y debido a la naturaleza de los pensamientos, muchas personas que sufren esto no están dispuestas a buscar la ayuda de ningún profesional de la salud y temen ser etiquetadas.

- Miedo a ser atraídos por personas del mismo sexo (homosexuales) o aquellos que son homosexuales, temen ser atraídos por personas del sexo opuesto.

- Pensamientos sexuales intrusivos sobre Dios, figuras religiosas o incluso sobre los santos.

- Miedo de ser un pedófilo y luego sentirse atraído sexualmente por ellos.

Alguien que experimenta este tipo de pensamientos intrusivos evitará lugares públicos como los centros comerciales para no acercarse a los niños. También tendrán que mantenerse alejados de sus hermanos. Para los padres que experimentan este tipo de enfermedad, tratarán en la medida de lo posible de evitar abrazar o bañar a sus hijos, lo que resultará en incomodidad emocional tanto para los niños como para los padres.

Pensamiento mágico sobre los pensamientos intrusivos

El pensamiento mágico acerca de los pensamientos intrusivos es tener miedo de pensar que algo negativo hará que sea más probable que ocurra, lo que a menudo se conoce como "fusión de acción y pensamiento". Las personas rodeadas de malos pensamientos intrusivos son las que sufren, y tratan de quitárselos a través de rituales mágicos. Son, normalmente, extraños en estilo y consumen mucho tiempo, y también pueden estar involucrados en eventos o acciones que pueden no estar relacionados entre sí. Por ejemplo, tener pensamientos como "Podría

INTELIGENCIA EMOCIONAL Y TERAPIA CONDUCTISTA COGNITIVA

estrangular a alguien" también es visto como alguien que es culpable de haber cometido el crimen. Otro ejemplo es que tienen pensamientos terribles acerca de su coche teniendo un accidente espantoso, y que tener estos pensamientos también podría aumentar la probabilidad de que esto ocurra, o tienen la sensación de que si no cuentan del 1-10 algo malo podría pasarle a un miembro de la familia.

Otros ejemplos que se dan a continuación son;

- La muerte de un ser querido puede predecirse.

- Uno puede causar mucho daño a alguien con sus pensamientos o con su descuido.

- Asistir a un funeral puede traer la muerte.

- Todo lo que te venga a la mente puede ser verdad.

- Romper una carta en cadena puede traer mala suerte.

- Pisar las grietas en el pavimento puede provocar que ocurran cosas malas.

- Escuchar la palabra "muerte" significará lo contrario, al igual que repetir la palabra "vida" para resistir a la muerte.

- Algunos días también son de buena o mala suerte.

- Cierto número o color tiene alguna buena o mala suerte que se asocia con él.

En los ejemplos anteriores, los pensamientos y los acontecimientos podrían estar relacionados, pero una persona que tiene TOC creerá que la posibilidad de que esto ocurra no existe y esto lo llevará a un profundo estrés y ansiedad. Como resultado de esto, sus comportamientos compulsivos internos a menudo pueden impedir que interactúen con otras personas en ese momento.

Pensamientos religiosos intrusivos

Los pensamientos religiosos intrusivos en el TOC a menudo se centran en áreas de gran importancia; la religión y los asuntos que conciernen a la práctica religiosa son los candidatos básicos para las obsesiones del TOC. A menudo se conoce como escrupulosidad. Algunos ejemplos de pensamientos religiosos intrusivos se enumeran a continuación:

- Esa persona ha perdido el contacto con Dios o sus creencias de alguna manera.

- Las oraciones se recitan y se omiten erróneamente.

- Uno está haciendo algo pecaminoso.

- Algunas oraciones se dicen repetidamente.

- Que la persona se ha burlado de las leyes religiosas que conciernen a la vestimenta, el habla y la moderación.

- Pensamientos sexuales intrusivos sobre figuras religiosas, santos y Dios.

- Pensamientos blasfemos repetitivos.

- Los pecados cometidos nunca serán perdonados por Dios, y uno terminará en el infierno.

- Uno puede tener malos pensamientos en un edificio religioso.

- Uno gritará palabras blasfemas en voz alta en un lugar religioso.

Los pensamientos intrusivos negativos ocurren en el momento en que las oraciones se estropean, corrompen o cancelan el valor de las actividades, el cuestionamiento constante y el análisis de la fe de uno pondrá una gran tensión en sus creencias, y esto evitará que alguien obtenga paz de su religión. Esto hará que algunas personas eviten la iglesia y todos los pensamientos religiosos por miedo a sus pensamientos.

Pensamientos violentos e intrusivos

Los pensamientos violentos intrusivos tienen miedos obsesivos de cometer muchos actos de violencia contra personas que realmente aman o contra cualquier otra persona. Estos pensamientos incluyen:

- Saltar delante de un coche en movimiento

- Pensamientos sobre tocar a alguien y hacerle daño accidentalmente con la intención de tocarlo.

- Hacerle daño a niños o seres queridos.

- Actuar por un impulso no deseado; por ejemplo, apuñalar a alguien o atropellar a alguien.

- Envenenar la comida de un ser querido (la compulsión implicará no cocinar para la familia).

- Matar a gente inocente

- Utilizar objetos afilados como cuchillos de cocina.

Aquellos que sufren de este tipo de miedo la mayor parte del tiempo se sienten como una mala persona por tener malos pensamientos, creen que tener estos pensamientos significa que realmente tienen la capacidad de llevarlos a cabo.

El cuestionamiento y análisis constante de esta parte perturbadora del TOC se vuelve más perturbador y, debido a la naturaleza de sus pensamientos, las personas que se someten a él se muestran reacias a abrirse incluso a su médico o terapeuta porque temen verse expuestas. Una persona que tiene este tipo de pensamientos intrusivos evitará lugares como los centros comerciales y otras áreas vitales donde se requiere interacción social para evitar tener contacto cercano con personas que iniciarán pensamientos obsesivos.

Obsesión corporal (TOC sensomotor)

La hiperconciencia de la sensación de un cuerpo específico también se conoce como obsesión sensomotora. Los síntomas incluyen:

- Flotadores oculares/distractores visuales, fijación obsesiva en los flotadores oculares.

- Deglución/salivación, centrándose en qué tan bien se debe tragar la cantidad de saliva producida o la sensación de deglutir en sí misma.

- Conciencia de una parte específica del cuerpo, por ejemplo, la percepción del costado de la nariz cuando se intenta leer.

- Respiración, obsesión por si la respiración es superficial o profunda, o si el foco está en alguna otra sensación de la respiración.

- Parpadeo, fijación obsesiva en el parpadeo.

Esta forma de TOC no debe confundirse con el trastorno dismórfico corporal (TDC), en el que la obsesión se centra mucho más en los defectos que se observan en la parte del cuerpo. Los pensamientos intrusivos son repetitivos, y no se desarrollan voluntariamente. Hacen que la persona sufra de incomodidad excesiva que es la razón por la que están teniendo esos pensamientos en primer lugar, y los sentimientos de tener esos pensamientos en primer lugar pueden ser aterradores.

Sin embargo, lo que sabemos es que la gente está más interesada en el trastorno obsesivo-compulsivo y puede que actúen en base a estos pensamientos, en parte porque son ofensivos, y pueden ir muy lejos para impedir que ocurran.

Para aquellos que sufren y para aquellos que no lo sufren, los pensamientos y los miedos asociados con el TOC tienden a ser impactantes y significativos a veces. Sin embargo, el hecho de que sean pensamientos no significa que se desarrollen voluntariamente. Ni las fantasías ni los impulsos deben ser llevados a cabo. La información diversa podría ser una compulsión física o mental, y no resulta útil.

Simetría y Orden

Hay una necesidad de poner todo en un orden simétrico y que esté perfecto, esa es la compulsión. Los temores obsesivos pueden hacerte sentir que todo está perfecto para detener la incomodidad o a menudo evitar que ocurra algún daño. Los ejemplos incluyen:

- Tener todo impecable sin manchas en las ventanas y en las superficies para reducir el riesgo de contaminación, limpiando todo muy bien para lograr pulcritud.

- Ropa.

- Organizar las cosas cuidadosamente y en todo momento.

- Tener los libros y los CD alineados perfectamente en una fila en una estantería.

- Latas de conserva.

- Tener fotos bien arregladas.

- Tener la ropa colgada en barras y toda orientada de la misma manera.

- Pulcritud.

Las personas que se ven afectadas pasan más tiempo tratando de conocer la simetría "perfecta" y esto hace que consuma más tiempo y el resultado es llegar tarde a las citas y el trabajo. Esto puede drenar tanto física como mentalmente. Si la compulsión se va a tomar más tiempo, la persona que sufre podría no querer evitar los contactos en el hogar para detener la simetría, ser interrumpido puede dar lugar a tener un menor impacto en las interacciones sociales y las relaciones.

La lista muestra el tipo más común conocido de TOC y los miedos que lo acompañan, pero esta no es una lista completa, y habrá otros tipos de TOC. Si los impactos están funcionando correctamente, puede representar la parte principal en el diagnóstico de un trastorno obsesivo-compulsivo; entonces es vital para usted consultar a un médico y obtener un diagnóstico adecuado.

Independientemente del tipo de TOC que uno pueda estar sufriendo, hay 3 aspectos que generalmente están ahí, y son: Desencadenantes, Consuelo y Evasión.

1. Los Desencadenantes

Esta es la fuente básica de la preocupación obsesiva que puede ser un lugar, una persona, u objetos que permite la obsesión, un sentimiento compulsivo, o los sentimientos de angustia. Un desencadenante

INTELIGENCIA EMOCIONAL Y TERAPIA CONDUCTISTA COGNITIVA

pueden ser pensamientos internos u objetos físicos; por ejemplo, alguien que tiene el sentimiento obsesivo de apuñalar a alguien cada vez que él o ella entra en contacto con objetos de filosos, viendo el cuchillo siempre provocará las compulsiones y obsesiones.

Además, para evitar varias horas de dolor, la persona siempre se mantendrá lejos de los cuchillos, un ejemplo de un desencadenante mental interno es cuando uno experimenta obsesiones de angustia sobre la muerte cada vez que vienen los pensamientos acerca de su difunto padre, la memoria de su difunto padre actúa como un desencadenante para los pensamientos obsesivos. Lo que sucede es que las personas con TOC descubrieron sus compulsiones y obsesiones que son física y mentalmente agotadoras, atemorizantes y aterradoras. Tienen que hacer todo lo posible para evitar los desencadenantes durante el tiempo de las compulsiones y obsesiones.

1. La Evasión

Esto es una compulsión ocasional, y sucede cuando el individuo con TOC se mantiene alejado de objetos, lugares, o una persona que pueda desencadenar el TOC. Esto será una manera de prevenir la angustia, la preocupación, y el tiempo usado en experimentar los rituales. Los ejemplos incluyen a aquellos que podrían no ser capaces de mantenerse alejados de las situaciones o tareas que aumentarán las situaciones que no sean seguras.

- Alguien con pensamientos obsesivos puede tener la sensación de apuñalar a sus hijos y siempre evitará el uso de tijeras, cuchillos o cualquier objeto filoso.

- Alguien que tiene miedo de tener VIH o SIDA evitará ir a lugares como Londres ya que su mente lo asocia con el VIH o el SIDA.

1. Seguridad

Con frecuencia, la persona que tiene problemas con el TOC necesitará que el consuelo de que los sentimientos a su alrededor no son reales. Este consuelo puede provenir de alguien a quien ama o a través de fuentes como Google o medios de comunicación. Especialmente si la preocupación está llegando al punto de crímenes o accidentes. Con frecuencia, la preocupación obsesiva podría ser para alguien que amas, y puedes pensar que algo malo podría sucederle a ellos, así que vas a estar pendiente de tus seres queridos para ver si están bien. Otro miedo obsesivo resulta en la búsqueda de consuelo para las preocupaciones compulsivas de que su pareja podría no tener el mismo sentimiento por él o ella o que van a hacer algo terrible a sus seres queridos.

Varios términos y siglas se pueden utilizar con la familia del TOC que puede conducir a confusiones.

Abreviaturas usadas comúnmente para el TOC

Ritual

Uno de los términos que causa confusión es la palabra "ritual" en la que otras personas, incluyendo los profesionales de la salud se confunden y luego lo describen como "compulsión". Mientras es cierto que un ritual es un comportamiento compulsivo (mental o físico), es sólo un comportamiento compulsivo específico que es más que un patrón conjunto donde se debe definir el punto de inicial y final. Ejemplo, masajea el lado izquierdo de tu cara, tu frente y el lado derecho, en muchos casos, cuando la persona que se somete a rituales se detiene durante el tiempo de los pasos del ritual, entonces su TOC decide cuándo comenzar su ritual de nuevo.

Pico

Pico también es una terminología que confunde principalmente a aquellos con TOC que tratan de obtener más información acerca de eso en línea; tiende a haber dos usos principales de este término. Con las

INTELIGENCIA EMOCIONAL Y TERAPIA CONDUCTISTA COGNITIVA

personas que tienen TOC en el foro de TOC en línea; tiende a haber dos usos principales de este término. La primera es cuando se utiliza para explicar el 'desencadenante' de la obsesión inicial que conduce a la ansiedad y el malestar, por ejemplo, un individuo que tiene miedo de golpear a un ciclista mientras que maneja utilizará el término 'pico' para explicar que el ciclista se está moviendo por delante de ellos, y que desencadena la compulsión y la obsesión. Otro uso de este término en el formato TOC se utiliza cuando se explica el aumento en los niveles de ansiedad, y cuando es causado por pensamientos obsesivos. Usando el ejemplo dado de la persona que tiene miedo de golpear a un ciclista mientras maneja, se entiende que el ciclista es la razón de los pensamientos obsesivos que elevan el 'pico' actividades.

En la actualidad, no hay una manera particular de describir lo que es el pico, pero lo que pico significa generalmente es que se utiliza para describir la unión de obsesiones del TOC, desencadenantes, o molestias causadas por la ansiedad que son las razones para eliminar las confusiones. Tratamos tanto como sea posible de dejar de usar la palabra "pico" en los textos siempre y cuando no se pierda el significado o contexto. Así que mucha gente utiliza terminologías para referirse a diferentes tipos de TOC, es de destacar que no hay una definición oficial en la ciencia médica, y por lo general es utilizado por la comunidad del TOC. Uno de los principales problemas con estas terminologías es que son mayormente confusas ya que significan algo diferente de persona a persona. Más información sobre los 3 propósitos principales de los acrónimos:

POCD (TOC Pedófilo)

Esto describe el TOC posparto y el TOC paterno y el "TOC puro". Sin embargo, esto es ampliamente aceptado en el caso del TOC pedófilo; en pocos casos, somos conscientes de usuarios que utilizan el término TOC conscientemente como un medio para evitar decir pedófilo. Acostumbrarse a esta línea de pensamiento es el primer paso para aceptar que existe.

ROCD (TOC en las Relaciones)

Se utiliza comúnmente para describir el TOC religioso, que se utiliza ampliamente para aceptar el TOC en las relaciones porque no tiene ningún significado médico y evita que las personas se confundan. Por lo tanto, trata de mantenerte alejado de los acrónimos cada vez que escribas y asegúrate de que no haya pérdida de significado o de contexto. Por lo general, desaconsejamos a la mayoría de las personas de usarlo y en ocasiones, el uso resulta en un retraso en la evaluación de los tratamientos. Esto sucede principalmente cuando un paciente busca un especialista en TOC (H/P/R), pero no puede encontrar ninguno porque no es reconocido en la ciencia médica. Todavía no hay recomendaciones dadas a ningún terapeuta para que se especialice en ninguno de los tipos de TOC, ya que todos los TOC tratan la compulsividad y las obsesiones de la misma manera.

Esto podría no impedir el progreso en el abordaje y la eliminación del TOC porque es cierto que el TOC cambia periódicamente y cambia como un camaleón (ten en cuenta que sólo se centra en objetos o individuos que son especiales para nosotros). Por lo tanto, es muy importante tratar el TOC y no (H/P/R). Un punto importante a notar es que serán tratados usando la terapia cognitivo-conductual.

HOCD (TOC Homosexual)

Esta no es una terminologías útil porque está dirigida a las personas que tienen miedo de ser homosexuales, y sabemos que es el mismo TOC que afecta a los homosexuales con miedos obsesivos de que en realidad no sean homosexuales. Un acrónimo preferible a ser usado es TOCS (TOC de la orientación sexual).

Si estás experimentando ataques con frecuencia y te han diagnosticado otro tipo de trastorno de ansiedad, es posible desarrollar métodos terribles involuntarios y no adaptativos para hacer frente a la situación.

Tratamiento de los pensamientos intrusivos del TOC mediante TCC

Aquellos que tienen pensamientos intrusivos derivados del TOC complejo y TEPT, se benefician del ejercicio mental, pero esto generalmente necesita tratamiento y autoayuda también. La TCC ha demostrado ser eficaz (70%) en pacientes con TOC. A través de la TCC, los pacientes tienen una forma de lidiar con sus miedos y eliminar las compulsiones; es un tratamiento esencial para desintoxicar la mente por completo. Los métodos de TCC modificados para tratar los pensamientos intrusivos y el TOC incluyen:

- Exposición situacional
- Responder a un cuestionario de autoevaluación como las pruebas de pensamientos intrusivos del TOC
- Recopilación de pruebas para cuestionar las creencias profundas que tienen los pacientes
- Estimulación con juegos de rol con señales electrónicas
- Exposición al pensamiento intencional
- Reorientar el cerebro a través de la educación mental
- Decidir sobre el proceso de pensamiento que experimenta cada persona
- Aceptación sin juicios de valor

Capítulo 12: TCC para la salud mental y el ejercicio

Herramientas cognitivas y ejercicio

Varias herramientas de la TCC se centran en el cambiante y desafiante método disfuncional de pensamiento del paciente, ya que a los terapeutas de la TCC también se les enseña a hacer uso de un método que trabaja de arriba hacia abajo; en primer lugar, para trabajar con los pensamientos del paciente, las actividades y ejercicios cognitivos son de gran importancia. Para cambiar la espiral descendente o revertir el trastorno de salud mental, los pacientes conocerán la reestructuración cognitiva y comenzarán a utilizar herramientas como los registros de pensamientos disfuncionales y las estrategias ABCD.

Herramientas de Comportamiento y Ejercicio

Además de las herramientas cognitivas y el ejercicio, el terapeuta de TCC enseña a sus pacientes varios métodos conductuales que pueden ayudar a cambiar los pensamientos problemáticos y las creencias limitantes en alternativas para la afirmación de la vida. Al tomar acciones fuertes que van en contra de lo que ellos mismos pueden decir, los individuos son más capaces de compilar la evidencia que va en contra de dañar los patrones cognitivos. Muy buenos ejemplos de herramientas conductuales son los experimentos conductuales, los ensayos conductuales y la activación conductual.

Herramientas de terapias de tercera generación

Hay formas adicionales de varios métodos terapéuticos innovadores de tercera generación que se obtienen de la TCC, y esto proporciona nuevas adiciones a la caja de herramientas de la TCC. Aunque no todos los terapeutas utilizan actividades o ejercicios que se consideran de tercera generación, cabe destacar que pueden ayudar a lograr los sueños herramientas específicas que se encuentran en las terapias de tercera generación como la Terapia de Aceptación y Compromiso (ACT) y la Terapia Cognitiva Basada en la Atención Integral (MBCT) son muy útiles para nuestros esfuerzos.

Afecciones de salud mental que pueden mejorar con la TCC

Manejar el duelo

El paciente y el terapeuta adicionalmente consideran cómo los pensamientos y comportamientos afectan las emociones. Por ejemplo, si alguien piensa que nada puede funcionar en su vida, puede alejarse de los demás y prevenir nuevas oportunidades. Esto, posteriormente, puede llevar a sentimientos de mayor desesperación, vacío y estrés. Esto a veces se conoce como un "círculo vicioso" de emociones, pensamientos y comportamientos.

Trata de ser paciente: A pesar de que la TCC es rápida para muchas personas, es un proceso continuo que dura esencialmente toda la vida. Siempre hay enfoques para estimular, sentirse más feliz y también tratar mejor a los demás y a uno mismo, por lo que el ejercicio debe ser individual. Recuerda que no hay línea de meta. Date crédito a ti mismo por esforzarte en confrontar tus problemas inmediatamente, e intenta ver los "errores" como partes del proceso y del aprendizaje.

TEPT

La TCC se aplica más comúnmente a los trastornos del estado de ánimo (por ejemplo, depresión) y a los trastornos de ansiedad. También se utiliza para ayudar a las personas que tienen complicaciones por el uso de sustancias químicas, trastornos de la personalidad, trastornos alimentarios, problemas sexuales y psicosis. Se realiza correctamente en el ámbito personal, de parejas y de grupos.

Un psicoterapeuta puede ser un período general, en lugar de un título de trabajo o un indicio de educación, formación o licenciatura. Ejemplos de psicoterapeutas son psiquiatras, psicólogos, consejeros profesionales certificados, trabajadores sociales con licencia, terapeutas matrimoniales y familiares certificados, enfermeras psiquiátricas, o incluso otros profesionales certificados con entrenamiento en salud mental.

Tu terapeuta puede persuadirte para que hables de tus pensamientos y emociones y de lo que te preocupa. No te preocupes si simplemente descubres que es difícil abrirte acerca de tus sentimientos. Tu terapeuta te ayudará a ganar más confianza y comodidad.

La espiral descendente del trastorno mental

Una madre y su hija llorando con la cabeza inclinada, parece que ha ocurrido un trágico suceso en sus vidas que ha llevado a una espiral descendente hacia un trastorno de salud mental negativo. El terapeuta de la TCC puede dar a sus pacientes buenos métodos de tratamiento de forma individual. Esto, sin embargo, no significa que la enfermedad mental se produce de forma separada; hay muchos trastornos que se ven influenciados por genes o experiencias de vida que se desarrollan de forma muy cercana en un enfoque sistemático.

Para aquellos que sufren de depresión o ansiedad; un ejemplo, los eventos negativos o una serie de eventos exitosos típicamente conducen al comienzo de los síntomas cognitivos conductuales y emocionales, especialmente cuando un individuo no puede detener o revertir su ansiedad o respuesta depresiva, comenzará a descender en espiral hacia un trastorno mental completo.

La TCC examinada anteriormente ayuda a mostrar los trastornos de salud mental que se desarrollan en espiral descendente porque nos muestra cómo los pensamientos problemáticos, las conductas y la respuesta emocional, respectivamente, pueden influir en otro al necesitar asistencia médica. Las conductas cognitivas dañadas de un individuo

INTELIGENCIA EMOCIONAL Y TERAPIA CONDUCTISTA COGNITIVA

que pierde a un ser querido prematuramente, por ejemplo, esto puede ser de influencia negativa ya que sus comportamientos y emociones son conductas que conducen a un trastorno depresivo grave.

Ciertamente, el duelo por la pérdida de un ser querido puede ser saludable hasta cierto punto, pero si el individuo afectado es incapaz de romper el ciclo de pensamientos, conductas y emociones que afectan negativamente a los demás, se encontrará en una espiral descendente hacia un estado de miedo. Para ayudarlos en un estado depresivo, un terapeuta de TCC presentará varias actividades cognitivas conductuales que apuntan en la dirección opuesta a la espiral descendente.

El terapeuta de TCC primero trabaja con el nivel de comportamiento y cognición de los padres, a menudo tendrán que ayudarles a descubrir el valor central del cambio, a desafiar las suposiciones subyacentes de cómo el mundo los moverá en la dirección de una buena salud mental.

Capítulo 13: TCC para el autocontrol y evaluación del progreso

Dos de los métodos más esenciales de la TCC son las prácticas de autocontrol y evaluación del progreso, mediante el aumento de la autoconciencia y evaluación del estado de nuestro ser, los individuos también son capaces de descubrir las cogniciones defectuosas, limitando los valores fundamentales, los patrones de pensamiento disfuncional y los obstáculos de comportamiento. Con esta poderosa visión, el terapeuta de TCC guiará a los padres en la toma de medidas que se aplicarán tanto si se trata de una conducta como de un obstáculo mental.

Las prácticas de autocontrol y evaluación son el corazón de la TCC, del mismo modo que cada individuo puede prevalecer sobre la enfermedad mental tomando conciencia de los comportamientos desafiantes y mejorando la probabilidad de éxito al mejorar y controlar las acciones y los pensamientos. Las mejores prácticas que pueden aumentar ampliamente la conciencia de los pensamientos inhibidores, las conductas dañinas y las creencias limitantes que actúan como obstáculos en el camino del éxito se presentan como la tercera estrategia de la meditación consciente.

Mientras se realizan prácticas de objetivos SMART, autocontrol, planes de acción y autoevaluación, normalmente es suficiente para que las personas logren el éxito y disminuyan la cantidad de tiempo que les toma alcanzar los objetivos mediante el uso de varias herramientas de TCC. Basando las decisiones en principios psicológicos generales como la conexión mente-cuerpo y la ley de causa y efecto, así como los profesionales de la TCC ayudan a sus pacientes a hacerlo, podemos transformar con confianza nuestras vidas de la manera más necesaria. Después de que comencemos a girar la espiral positiva del crecimiento personal con los métodos de la TCC, lo siguiente será usado para construir nuestro impulso inicial.

La caja de herramientas de la TCC

Hay una amplia variedad de herramientas de TCC que el terapeuta utiliza para mejorar la salud mental de sus pacientes, a diferencia de algunos métodos de tratamiento, la terapia de cognitivo conductual ayuda a disminuir la manera en que los padres dependen de los medicamentos, en lugar de enfocarse en el establecimiento de un cambio conductual y cognoscitivo a través de diversos modos de ejercicio y actividades. Después de establecer una formulación de caso obtenida a partir de las comunicaciones terapéuticas iniciales con sus pacientes, un terapeuta de TCC comenzará a recomendar varias prácticas cognitivas y conductuales que se encuentran dentro de la caja de herramientas de la TCC. El ejercicio de la caja de herramientas es vital debido a la necesidad de dar a los pacientes los recursos para actuar como sus propios terapeutas más adelante en el futuro.

Aunque hay varias actividades y ejercicios que pueden ser usados para un caso médico específico, o favorecidos por un terapeuta en particular, hay un rango aceptado para los métodos de TCC basado en su efectividad y popularidad. Es con herramientas y técnicas estandarizadas que se puede mejorar el éxito en el logro de nuestro objetivo o metas. Será útil para comprender mejor cómo los terapeutas de TCC enmarcan sus métodos de tratamiento.

Uso de la TCC para lograr el éxito

Dado que la base de la TCC se encuentra en varias verdades psicológicas que se aplican a todos, todos ellos pueden utilizar los métodos de la TCC para mejorar su nivel de bienestar. Además, un terapeuta de TCC ayuda a sus pacientes a modificar su salud mental en espiral descendente; es posible utilizar las herramientas de TCC como trampolín para el éxito. Una manera ideal de meditar sobre el uso de la TCC para el crecimiento personal es imaginar una escala que oscile entre -5 y 0, representando a cada individuo que tiene una enfermedad mental, mientras que el rango de 0 a 5 representa a individuos con una mente sana que persiguen altos niveles de satisfacción en la vida. Es obvio que al aplicar métodos de TCC para mejorar tu autoestima, aprenderás rápidamente sobre cómo las emociones y pensamientos positivos pueden llevarte hacia un gran éxito.

Definir el éxito

Aunque hay un número interminable de objetivos de crecimiento personal que se pueden alcanzar con métodos de TCC, el primer paso es saber cuál de ellos le garantizará el éxito. Desafortunadamente, muchas personas son víctimas de asumir que los bienes materiales, el dinero, las posesiones y el estatus social les darán la satisfacción que necesitan sólo para descubrir que de ellos se obtiene una felicidad limitada.

Metas SMART y Plan de Acción

El terapeuta y los pacientes trabajan juntos para establecer una meta SMART que sea (Específica, Medible, Alcanzable, Relevante y Limitada en el Tiempo) y hacer un plan alcanzable que ayude a cumplir sus deseos. Típicamente, tanto el paciente como el terapeuta se reunirán de forma programada para revisar, actualizar las formulaciones, objetivos y plan de acción del paciente.

Sabemos de qué se trata el éxito, podemos establecer los objetivos SMART. Generalmente, podemos considerar tener metas en varios de los siguientes pasos: Personal e Intelectual, Salud Física, Espiritual, Financiera y de Desarrollo Profesional y Comunicación. Además, las cualidades personales como la inteligencia social y emocional pueden ser difíciles de medir; estos son algunos de los objetivos más vitales y gratificantes que se pueden establecer porque son necesarios para lograr cosas extraordinarias. Sólo con comprometerte a concentrarte también en los objetivos intrínsecos y los deseos, además de este éxito externo, serás capaz de descubrir la satisfacción de vida que anhelas. Antes de pasar al plan de acción, debes considerar tus objetivos utilizando las metas SMART. No hay razón para que te desanimes si tienes el objetivo de lograr algo monumental, tendrás que convertir las aspiraciones más grandes en aspiraciones más pequeñas, con plazos concretos y medibles. Tendrás que reducir las metas más grandes a metas más pequeñas, con plazos concretos y medibles.

El siguiente paso en el uso del proceso de TCC para el éxito, que debe ser considerado el paso final en la fase inicial, sería establecer un plan de gestión que podría permitirte monitorear tu progreso. Mientras que los métodos que se utilizarán para desglosar los objetivos específicos será una decisión particular basada principalmente en situaciones y planes, lo más necesario es revisar y actualizar tu plan de acción medible y de plazos determinados.

Capítulo 14: Cómo trata la TCC con las cosas

Hay muchos métodos para lograr la TCC o herramientas que se pueden utilizar en la TCC. Esta terapia se extiende desde los antecedentes de la terapia hasta las experiencias de la vida diaria. Los nueve métodos se enumeran a continuación, y algunos son conocidos por ser una práctica eficaz y común de la TCC.

- Descifrando las Distorsiones Cognitivas

Este es uno de los principales objetivos de la Terapia Cognitiva Conductual, y esto se puede hacer sin o con la ayuda de un terapeuta. Para revelar el impacto de las aberraciones cognitivas, en primer lugar, se debe ser consciente de las aberraciones a las que es más probable que estés expuesto, y parte de lo cual involucra tener la habilidad de identificar y desafiar tus pensamientos automáticos dañinos, los cuales, de vez en cuando, pueden caer en alguna de las categorías listadas de antemano.

Este es uno de los principales objetivos de la Terapia Cognitiva Conductual y se puede realizar con o sin la ayuda de un terapeuta. Para desenredar las distorsiones cognitivas, primero debes ser consciente de las distorsiones a las que probablemente estés expuesto. También implica que identifiques y desafíes esos pensamientos negativos que aparecen en nuestras mentes de vez en cuando.

- Exposición y prevención de respuesta

Este método es específicamente efectivo para las personas que sufren dificultades del trastorno obsesivo-compulsivo (TOC), la persona debe ser capaz de practicar este tipo de método siendo vulnerable a todo lo que evoca un comportamiento compulsivo, pero también hacer todo lo posible para no escribir sobre ello y el comportamiento. Es posible agregar el escribir un diario con estos métodos para saber cómo este método te puede hacer sentir.

- Escribir un diario

Este método es un medio de "recopilar datos" sobre nuestros pensamientos y estados de ánimo, este diario debe contener el período del estado de ánimo o pensamiento, la fuente, el alcance o el grado de intensidad, entre tantas otras cosas. Estas herramientas y métodos necesarios de TCC pueden ayudarnos a comprender nuestras tendencias y pensamientos emocionales, descubrir cómo se reemplazan, cómo se adaptan, o la manera cómo somos capaces de hacer frente a ellas.

- Reestructuración Cognitiva

Inmediatamente, has podido saber exactamente cuáles son las aberraciones o las opiniones que no son ciertas, y entonces empiezas a entender cómo comenzaron las aberraciones y qué es lo que te hizo creer en ellas exactamente. Cuando sabes que es un comportamiento dañino o perjudicial, puedes empezar a confrontarlo. Por ejemplo, cuando tienes la convicción de que tienes un trabajo que te paga bien y te hace ganar respeto dentro de la sociedad, pero luego, si pierdes ese trabajo remunerado, empezarás a sentirte terrible contigo mismo. En lugar de aceptar esta creencia que te hace pensar mal de ti mismo, puedes pensar en la creencia que te permite sentirte como una persona respetable y bien conocida, una creencia que tal vez no se te haya ocurrido antes.

- Exposición y Reescritura de Pesadillas

Exposición y Reescritura de Pesadillas están diseñados específicamente para aquellos que están pasando por momentos difíciles de una pesadilla; también se sabe que este método es casi igual a la exposición interceptiva, en el sentido de que la pesadilla ha sido evocada y que luego trae consigo emociones. El terapeuta y el paciente deben trabajar juntos para saber qué tipo de emociones se desean y cómo desarrollar nuevas imágenes para acompañar las emociones que se desean.

- Relajación Muscular Progresiva

Este es un método conocido por aquellos que practican el estar presentes, así como el escaneo corporal; este método te enseñará cómo relajar un grupo muscular en un período en el que tu cuerpo se encuentra bajo el estado de los métodos de TCC y herramientas de relajación necesarios. Es posible usar un video de YouTube, audioguía, o simplemente usar la mente para saber cómo practicar estos métodos y esto puede ser de gran ayuda para calmar los nervios y calmar una mente ocupada y desenfocada.

- Exposición Introspectiva

Este método está diseñado para tratar la ansiedad y el pánico; incluye la exposición a la excitación corporal que se teme para evocar respuestas, activando creencias no saludables que están conectadas con las excitaciones, preservar las sensaciones sin evitarlas y sin distracciones, esto permite aprender cosas nuevas acerca de las sensaciones. Está diseñado para ayudar a la persona que sufre a entender que los síntomas de este pánico no son dañinos, sin embargo, puede ser muy incómodo.

- Actuar el guión hasta el final

Este método es básicamente para aquellos que están sufriendo ansiedad y miedos, usando este método, el individuo que está expuesto a ansiedad o miedos incapacitantes controla los pensamientos experimentales donde es capaz de pensar sobre el resultado del peor de los casos. Permitir que este escenario ayude al paciente a saber que incluso cuando parezca que habrá temores, resultará muy bien. Este método ayudará a aquellos con ansiedad y miedo a creer que sus peores miedos eventualmente resultarán ser una buena experiencia.

- Respiración Relajada

Este es otro método que no es conocido por la TCC pero que es muy popular entre los practicantes conscientes; hay muchas maneras obvias de relajarse y también de traer orden y calma a tu respiración, lo que te da una ventaja para ver tus problemas desde una posición equilibrada, trayendo consigo una toma de decisiones más eficiente y lógica. Estos métodos pueden ayudar a aquellos que están pasando por una serie de aflicciones y enfermedades mentales que pueden incluir el TOC, la depresión, el trastorno de pánico, la ansiedad y cómo pueden ser practicados sin la ayuda de un terapeuta o con la ayuda de un terapeuta.

Aprovechando al máximo

La TCC se puede aplicar diariamente a principios y métodos que rodean una amplia gama de problemas. Las habilidades de relajación son esenciales en cualquier circunstancia estresante que incluya: hablar en público, tener una discusión con la pareja, sentirse enojado con un adolescente testarudo, tomar un examen, problemas de sueño y rabia al volante.

Los métodos de resolución de problemas pueden ser útiles para tratar temas relacionados con el trabajo, un jefe exigente y la gestión del tiempo o dificultades interpersonales como problemas en las relaciones. Algunas personas tienen actitudes que son irracionales, y esto crea malos sentimientos innecesarios en ciertas situaciones.

Por lo tanto, cualquier persona también puede ganar al cuestionar e identificar creencias infundadas y esto resulta en experiencias más placenteras, lo cual puede ser más efectivo en sus vidas. El ejercicio de exposición no sólo es útil en las fobias, sino también como una forma de eliminar todo tipo de miedos incluyendo el miedo a cometer errores, el miedo a los animales y el miedo a las alturas. Además, las técnicas de TCC son más útiles para cada uno de nosotros, ya sea que tengamos un trastorno psicológico o que nos enfrentemos a soluciones de la vida real.

Capítulo 15: Reflexiones finales sobre la terapia cognitivo-conductual

La TCC se creó inicialmente para ayudar a las personas afectadas por la depresión; sin embargo, hoy en día se utiliza para impulsar y controlar diferentes tipos de enfermedades y síntomas emocionales, por ejemplo, la ansiedad, la enfermedad bipolar, la enfermedad por estrés postraumático, la enfermedad obsesivo-compulsiva, las adicciones y los trastornos de la alimentación.

Las técnicas de la TCC también serán favorables para casi todo el mundo, por ejemplo, las personas sin ningún tipo de enfermedad emocional, pero con ansiedad crónica, estados de ánimo bajos, y hábitos que quieran mejorar.

Las pruebas científicas a través de escaneos cerebrales han descubierto que en la mayoría de los casos la TCC ha sido capaz de ajustar de manera favorable las estructuras físicas dentro del rendimiento mental.

La TCC puede hacer el trabajo rápidamente, ayudando a las personas a sentirse mejor y a experimentar síntomas disminuidos en un período corto (en unos pocos meses, por ejemplo).

Cuando muchos tipos de terapia podrían tomar algunos meses o incluso años para llegar a ser beneficioso, la cantidad promedio de períodos de TCC que los pacientes reciben es de 16.

La TCC a menudo requiere que el individuo termine sus "tareas" de forma independiente entre sesiones de terapia, lo cual es una de las razones por las que los beneficios llegan tan rápido.

Además de la preparación que se hace mientras que realmente están solos, los terapeutas cognitivos del comportamiento también utilizan las instrucciones, tales como la tos y la "terapia de vulnerabilidad" a lo largo de períodos.

La TCC es extremadamente interactiva y colaborativa. El rol terapeuta siempre será escuchar, enseñar y animar, mientras que el papel del individuo es ser más abierto y expresivo.

¿Cuál es el siguiente paso en el futuro de la TCC?

Varias estrategias y beneficios de la TCC han sido discutidas hasta ahora en este libro. He aquí un resumen y algunos pensamientos finales sobre la TCC y las razones por las que puede ser lo mejor para ti.

La evolución de las adaptaciones culturales hacia la TCC se encuentra todavía en sus fases iniciales. La TCC se basa predominantemente en los valores apoyados por la civilización predominante. De vuelta en América del Norte, estos valores incorporan la asertividad, la independencia personal, el poder verbal, la lógica y el cambio de comportamiento. Pero se crean manuales específicos para adaptar la TCC a los chinos-americanos y a los haitiano-americanos adolescentes.

La terapia cognitiva conductual (TCC) puede ser sólo un tipo habitual de terapia conversacional (psicoterapia). Así que trabajas con un consejero de bienestar mental (psicoterapeuta o terapeuta) de una manera estructurada, asistiendo a una cantidad bastante limitada de sesiones. La TCC hace posible ser consciente de pensamientos equivocados o no deseados, y eso significa que puedes ver escenarios desafiantes más ciertamente y responder en tu mente de una mejor manera.

En la TCC, el terapeuta y el paciente se unen para determinar patrones inútiles de pensamiento y comportamiento. Por ejemplo, alguien podría simplemente notar las cosas malas que le suceden y nunca notar las cosas positivas. O, alguien podría tener expectativas poco realistas como por ejemplo: "Cometer errores en la oficina es imperdonable." Además, es esencial determinar los comportamientos curables que toman los síntomas externos, tales como evitar situaciones particulares y retirarse de otros.

Es crucial que decidan tratar de ver los predicamentos lo más racional, clara y realista posible. Es útil pensar en las perspectivas de diferentes personas, cuestionar tus premisas, y ver si hay algo crucial que puedes estar perdiendo o descartando.

¿Cuántas sesiones TCC Necesitas Para obtener el Resultado Deseado?

La TCC se considera comúnmente como terapia a corto plazo. Así que aproximadamente 10 a 20 sesiones. Tú puedes hablar con tu terapeuta acerca de cuántas sesiones pueden ser apropiadas para ti.

En tu primera sesión, el terapeuta recopilará información sobre ti y puede identificar las preocupaciones que tengas. El terapeuta probablemente te preguntará respecto a tu salud física y emocional del presente y del pasado para ganar una comprensión más profunda de tu circunstancia. Tu terapeuta también puede discutir si podrías beneficiarte de un tratamiento adicional, como los medicamentos.

El terapeuta trabaja junto con los pacientes para hacer frente a las perspectivas desfavorables que el paciente tiene sobre sí mismo, el mundo y el futuro, lo que puede provocar sentimientos de desesperación.

¿Existe algún límite para la TCC?

La TCC no tiene limitaciones porque puede adaptarse para resolver varios problemas. Los ejercicios cuidadosamente creados se utilizan para apoyar y modificar sentimientos y comportamientos. Algunas terapias se centran más en las nociones, y también algunos aspectos se centran mucho más en los comportamientos. Cuando alguien tiene problemas para identificar y desafiar los problemas mentales, el terapeuta podría enfocarse en abordar comportamientos como la evasión, la abstinencia, o la falta de conocimiento intrapersonal.

Por otro lado, si este tipo de comportamientos es menos notable, el terapeuta puede enfocarse en la baja autoestima.

La primera sesión también es una oportunidad para que entrevistar a tu terapeuta para averiguar si él o ella va a ser un buen candidato para ti.

Aprender sobre tu estado de salud emocional

Reconocer situaciones o enfermedades problemáticas en tu vida es parte de la terapia. Estos pueden incluir problemas como una condición médica, divorcio, desesperación, ira o síntomas de enfermedad mental. Tú junto a tu terapeuta pueden dedicar algo de tiempo a identificar los problemas y objetivos en los que quieres enfocarte. La terapia cognitiva conductual se puede lograr de forma individual, o incluso en categorías, junto con los miembros de la familia con aquellos que tienen dificultades similares.

Lo Que Puedes Anticipar

La TCC se especializa típicamente en temas especiales, utilizando una estrategia orientada a objetivos. Ya que procederás a través del enfoque terapéutico, tu terapeuta podría pedirte que hagas "asignaciones", tareas, exámenes o prácticas que se basen en lo que averiguas durante tus sesiones regulares de terapia y te invita a utilizar exactamente lo que estás aprendiendo en tu estilo de vida normal.

Identificar Estrategias para Manejar las Emociones

La terapia cognitiva conductual se puede utilizar para tratar una amplia variedad de problemas. Por lo general es el tipo preferido de psicoterapia, ya que podría ayudar rápidamente a determinar y hacer frente a los desafíos que son específicos. Por lo general, requiere menos tiempo que las diferentes formas de terapia y se puede hacer de una manera coordinada.

Maneras de practicar técnicas de terapia cognitivo-conductual por tu cuenta

1. Describe tus obstáculos actuales

Lo primero que hay que hacer es identificar qué es lo que te está causando preocupación, descontento e inquietud. Tal vez te sientes resentido hacia alguien, temeroso sobre el fracaso, o estresado acerca de ser rechazado socialmente de alguna manera. Podrías darte cuenta de que tienes estrés persistente, indicadores de melancolía, o estás luchando para perdonar a alguien por un evento pasado. Cuando puedas reconocer esto y ser consciente de tu barrera principal, entonces tendrás el poder de empezar a trabajar en la superación.

1. Ten cuidado con tus emociones, pensamientos y creencias acerca de estos temas.

Cuando hayas determinado los problemas en los que debes enfocarte, tu terapeuta te animará a discutir tus pensamientos con respecto a esto. Esto podría consistir en compartir lo que sabes por tu experiencia, tu perspectiva de una situación, y tus propias creencias o de otras

INTELIGENCIA EMOCIONAL Y TERAPIA CONDUCTISTA COGNITIVA

personas y eventos. Tu terapeuta te recomendará llevar un diario de tus pensamientos.

1. Para ser capaz de cuidar de ti mismo de forma segura

Remodelar los pensamientos incorrectos o negativos. Tu terapeuta probablemente te animará a preguntar si una opinión de una situación está situada de hecho o es una percepción errónea de lo que está pasando. Este paso puede ser difícil. Puede que tengas formas de pensar muy arraigadas sobre ti o tu vida. Junto con el ejercicio, el pensamiento es muy beneficioso, y los estilos de comportamiento crecerán para ser una costumbre y no tomarán tanto trabajo.

1. Evalúa tus preguntas

Antes de tu primera consulta, considera los temas en los que quieres trabajar, mientras que también puedes resolverlo junto con tu terapeuta, incluso teniendo unas pocas ideas de antemano puedes tener un punto de partida.

1. Hacer frente a un problema médico

Aunque la TCC se ha utilizado con niños de siete a nueve años de edad, es más efectiva con niños de catorce años de edad. A esta edad, los niños han mejorado significativamente sus habilidades cognitivas. Los niños más jóvenes, o adolescentes y adultos, que tienen discapacidades cognitivas, generalmente responden a planes de comportamiento y a la eliminación de factores del medio ambiente en lugar de centrarse en las creencias.

Asegúrate de que sabes:

- La gravedad de tus síntomas externos
- Identificar escenarios que a menudo se evitan y que se acercan

constantemente a situaciones temidas.
- Intervenciones populares de la TCC
- Trastornos sexuales
- La duración de cada sesión

Generalmente, hay una amenaza mínima al recibir terapia cognitivo-conductual. Debido a que podrías descubrir sentimientos, emociones y aventuras debilitantes, a veces puedes sentirte mentalmente incómodo. Gritarás, te enfadarás o te sentirás realmente molesto durante una sesión que es dura, o incluso podrías sentirte agotado. También puedes amenazar con lastimarte de forma inmediata o inminente o quitarte la vida.

El terapeuta y el paciente trabajan juntos para anticiparse a los problemas y desarrollar estrategias de trabajo exitosas. Diferenciar y desafiar los pensamientos negativos (por ejemplo, "Las cosas nunca funcionan para mí personalmente").

Haz tus tareas entre sesiones. Si un terapeuta te pide que busques, mantengas un diario, o que realices actividades alternativas fuera de tus sesiones de terapia de rutina, debes hacerlas. Hacer estas tareas te permitirá aplicar lo que has aprendido en las sesiones de terapia.

Apégate a tu programa de tratamiento. En el caso de que realmente te sientas deprimido o desmotivado, puede ser tentador saltarse las sesiones de terapia. Hacerlo puede interrumpir tu progreso. Inscríbete en todas las sesiones y ofrece una idea exacta de en qué quieres centrarte.

Identificar y participar en actividades agradables, incluyendo pasatiempos, actividades sociales y ejercicio físico.

Puedes aplicar la terapia cognitivo-conductual identificando tus desafíos actuales, registrando tus pensamientos estresantes, formando patrones y entendiendo tus causas, descubriendo cómo las cosas cambian constantemente, poniéndote en el lugar de los demás y agradeciéndote a ti mismo por ser paciente.

INTELIGENCIA EMOCIONAL Y TERAPIA
CONDUCTISTA COGNITIVA

Una de las principales ventajas para los pacientes es que la TCC se puede continuar incluso después de que hayan terminado las sesiones formales con un terapeuta.

Generalmente, existen pocos riesgos en el tratamiento de la TCC. Sin embargo, es posible que experimente situaciones incómodas a veces, ya que pueden explorar emociones, malos sentimientos y experiencias que pueden hacer que llores o que te sientas molesto durante la sesión de TCC. Todos estos son pasos y procesos para superar los desafíos y desarrollar mejores habilidades de afrontamiento.

Finalmente, después de que la terapia apropiada termine, la persona podría continuar trabajando en la investigación de los conceptos de la TCC, aplicando las técnicas que ha descubierto, leyendo y escribiendo un diario para ayudar a prolongar las mejorías y cuidando de los signos o síntomas.

Conclusión

La TCC es una terapia práctica para hacer frente a los desafíos emocionales. Varios tipos de TCC, como la terapia de exposición, podrían pedirte que te enfrentes a problemas que preferirías evitar, como volar en avión cuando tienes miedo de viajar. Esto también puede resultar en una presión temporal o ansiedad. El impacto de la TCC en la resolución de la mayoría de los trastornos y problemas mentales mencionados en este libro no puede ser exagerado, ya que se ha demostrado que es más eficaz que otras terapias similares.

Las técnicas de TCC también pueden ser beneficiosas para casi todo el mundo, por ejemplo, las personas que no padecen ningún tipo de enfermedad mental pero que tienen presión crónica, mal humor y hábitos que les gustaría mejorar.

Sé honesto y abierto, ya que el éxito de esta terapia depende de tu voluntad de compartir tus pensamientos, emociones y experiencias, y de estar abierto a nuevas ideas y formas de hacer las cosas. Si te resistes a discutir ciertos temas debido a emociones debilitantes, vergüenza o temores sobre la respuesta de tu terapeuta, entonces permite que tu terapeuta entienda tus temores.

La TCC no es la mejor opción para todos los pacientes. Aquellos que tienen una enfermedad significativamente crónica o recurrente pueden necesitar intervenciones repetidas. O podrían necesitar un cambio de táctica aparte de la TCC para hacer frente a las aventuras de la vida junto con problemas personales, interpersonales, y de identidad. Teniendo en cuenta que la TCC puede ser una herramienta muy valiosa en el tratamiento de trastornos de salud emocional, incluyendo depresión, trastorno de estrés postraumático (PTSD) o los trastornos de alimentación. Sin embargo, tal vez no todos los que se benefician de la TCC tienen un problema de salud mental. Puede ser una herramienta eficaz para ayudar a cualquier persona que está atravesando condiciones difíciles en la vida diaria.

INTELIGENCIA EMOCIONAL Y TERAPIA CONDUCTISTA COGNITIVA

© **Copyright : Todos los derechos reservados.**

Este documento está orientado a proporcionar información exacta y confiable en relación con el tema y la cuestión tratados. La publicación está a la venta con la idea de que el editor no está obligado a prestar servicios de contabilidad, oficialmente permitidos o de otro tipo. Si el asesoramiento es necesario, legal o profesional, se debe ordenar a una persona que ejerza la profesión.

- De una Declaración de Principios que fue aceptada y aprobada por igual por un Comité de la Asociación Americana de Abogados y un Comité de Editores y Asociaciones.

De ninguna manera es legal reproducir, duplicar o transmitir cualquier parte de este documento, ya sea por medios electrónicos o en formato impreso. La grabación de esta publicación está estrictamente prohibida y no se permite el almacenamiento de este documento a menos que se cuente con el permiso por escrito del editor. Todos los derechos reservados.

La información aquí proporcionada es veraz y consistente, en el sentido de que cualquier responsabilidad, en términos de falta de atención o de otro tipo, por cualquier uso o abuso de las políticas, procesos o instrucciones contenidas en ella, es responsabilidad exclusiva y total del lector receptor. Bajo ninguna circunstancia se tendrá responsabilidad legal o culpa contra el editor por cualquier reparación, daño o pérdida monetaria debida a la información aquí contenida, ya sea directa o indirectamente.

Los respectivos autores poseen todos los derechos de autor que no estén en posesión del editor.

La información aquí contenida se ofrece únicamente con fines informativos y es universal en cuanto tal. La presentación de la información se realiza sin contrato ni ningún tipo de garantía.

Las marcas registradas que se utilizan son sin ningún consentimiento, y la publicación de la marca registrada es sin permiso o respaldo del propietario de la marca registrada. Todas las marcas registradas y marcas dentro de este libro son sólo para propósitos de aclaración y son propiedad de los propietarios mismos, no afiliados con este

www.ingramcontent.com/pod-product-compliance
Lightning Source LLC
LaVergne TN
LVHW020429070526
838199LV00004B/326